音声の地平を拓く

言語音の諸相　―日本語と英語を中心に―

赤塚　麻里

土居　峻

久保田　一充

文化書房博文社

目　次

付録

序章

第1節　本書の使い方

　本書は、大学で行われる音声学の講義や音声を扱うコミュニケーションの授業などで教材として活用することを目的に編纂されたものである。また、言語聴覚士（speech therapist）を目指す学生にとっても有用となるよう配慮している。

　日本の小学校における外国語活動や英語の授業で体系的な発音の学習は行われておらず、中学校・高等学校でも音声や発音記号について体系的に学ぶ機会は少ない。また、大学においても、英語の教育職員免許取得を目指す学生でなければ、音声学の授業を履修する者はあまりいないだろう。しかし、音声は日常生活においても必要不可欠なものであり、言語の基礎を成している要素でもある。その基本的な知識を有していることは、言語の習得において有益である。

　外国語の学習者は、音声に対して興味と関心を持っている者が多い。しかし、日頃から抱いている疑問や自らの発音の問題点などについて、深く考える機会がない。これでは、正しい音声は習得できず、理論も身につかない。そのため、音声学の理論と実践を併せて学修できることが望ましい。実際に声に出して発音すること、人の発話を聞きその音声を書き取ることなど、様々な実践練習を交えながら本書をご活用頂きたい。

第2節　音声学とは

　音声とは、人間が話し言葉によるコミュニケーションを図る際に用いられる音や声のことである。よって、扉を叩く音や手を打つ音、咳やくしゃみ、口笛などは、「音声」には含まれない。人間が発する音声には様々な側面があるが、その音声に関して何が起きているのかを科学的に研究するのが音声学（phonetics）という学問分野である。音声学は、主に調音音声学（articulatory phonetics）、音響音声学（acoustic phonetics）、知覚音声学（perceptual phonetics）の3つに分類されている。以下に、その特徴を見ていく。

1. 調音音声学

話者が声帯を通して空気を送り、声帯を振動させ、同時に舌や唇を動かして音声を産出するこ

とを調音（articulation）という。このような、話者の立場から音声を観察し、記述するのが調音音声学である。医療系の分野では、articulationに「構音」という訳語を充てている。

　調音音声学では、主に3つの観点から音声を客観的に記述する。即ち、①発声器官（vocal organ）のどの位置で音を産出するか（調音位置、place of articulation）、②発声器官をどのように使って音を産出するか（調音方法、manner of articulation）、③声帯の振動を伴うかどうか（有声性、voiced-ness）である。よって、口・鼻・咽喉などの発声器官と音声との関係性を注意深く観察することとなる。調音音声学には生理的・心理的な側面もあるため、それらの分野との関連も強い。本書では、調音音声学を中心に学んでいく。

2. 音響音声学

　話者によって調音された音声は、音波（空気振動）となって聴者に伝達される。空気振動としての音声にどのような性質があるかを研究するのが音響音声学である。

　音声は、音響の時間的な変化であると解され、その周波数成分の変化を、器械を用いて表示することができる。最近では、音響分析器（サウンド・スペクトログラフ、sound spectrograph）の開発が進展し、コンピュータ上で自らの発した音声などをリアルタイムで観察・分析することも可能となっている。分析器が表示した音響の特性（スペクトログラム、spectrogram）を解読することで、実際の音声現象が理解できる。このように、音響音声学は物理的な分析が中心となる。本書では、第4章で扱う。

3. 知覚音声学

　知覚（perception）とは、「感覚器官を通して外界の事物や身体内部の状態を知る働き」（『大辞泉』）である。この観点から音声を研究するのが知覚音声学である。空気振動として伝達された音声を、聴者がどのようにして音として捉え、話者の意図した言葉として認識するのかを対象

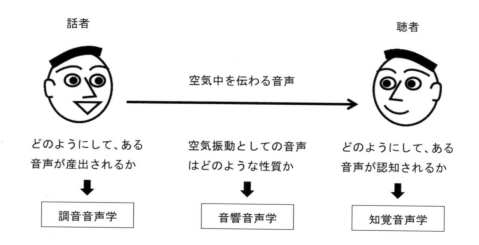

とする。

　音波として伝えられた音声を、人の耳で如何に知覚しているのか、という聴覚的な分析が中心である。このため、聴覚音声学（auditory phonetics）とも呼ばれる。音がどのように知覚されるかを扱うため、心理学とも関係が深い。本書では、第5章で扱う。

　音声によるコミュニケーションの実際においては、その場面や形式、目的などにより、求められるものが異なる。それに伴い、必要とされる発音の正確さも変わってくる。実際、日常会話においては、あまり細かいことに拘りすぎると、却ってコミュニケーションを阻碍してしまうこともある。しかし、細かな発音の違いを知り、練習をすることは、様々な場面に応じて対応するためには必要な準備となるため、積極的に取り組むべきである。

　音声学は、言語習得の大きな手助けとなり、リスニングやスピーキングの上達を促進する役割も果たす。また、失語症や吃音など、言語障碍においても治療法を示唆するものである。学生たちには、今後本格的な音声学習が必要とされる場面に遭遇した際に柔軟に対応できるよう、音声学の基礎を身に付けて欲しい。

コラム①　*My Fair Lady* コックニー訛りのイライザと音声学者ヒギンズ教授

　音声学といえば、有名な作品としてミュージカル *My Fair Lady* が思い浮かぶ。ロンドンの下町で花売りをしているイライザは、音声学者ヒギンズ教授との出会いにより、コックニー訛りから話し方を変えようと決心する。そんな彼女は、ヒギンズ教授の日々の発音訓練により、社交界でその成果を発揮する。この映画では処々に音声記号が出てくるが、初めて見る人にとっては暗号であろう。ヒギンズ教授が蓄音機で母音を聞いている場面では、母音に130もの違いがあるという、音の種類の多さに驚くだろう。

　英語を母語とするイライザでさえ、生まれた時から使用している、一度身に着けた話し方（訛り）を矯正することは困難を極めたのだ。一方で、訓練すれば話せるようになる、そう思うと言語習得（外国語学習）は様々な可能性を秘めているのだ。

コラム②　言語学習以外の場での音声学の活躍

　社会の中で音声学の知識が役立てられているのは、言語学習の場だけではない。例えば、次章で取り上げる国際音声記号（IPA）は、言語聴覚士という職業の人々の役に立っている。言語聴覚士は、言語コミュニケーション上に障碍のある人をサポートする専門職である。言語発達の遅れや、脳卒中になって言語障碍が生じ、正常な発音ができない場合、どの発音にどのような問題があるのかがIPAで記述され、専門家たちの間でその情報が共有される。その記述されたIPAを見れば、実際の音声がどのようなものだったのか、現場に居合わせなかった人でも具体的に再現できるのである。

第1章
調音音声学

第1節　音声の仕組みと発声器官

　音声は、発声器官（vocal organ）によって作られる。まず、音声は空気振動であるので、肺から出入りする空気が必要となる。その空気は、声帯から口・鼻までの空気が通る道筋（声道、vocal tract）を通過していく。空気が声道を通る過程で、どの発声器官がどのように関わるかにより、作り出される音声は変わる。このようにして作り出される音声は、様々に分類することができるが、最も大きな分類が母音（vowel）と子音（consonant）である。

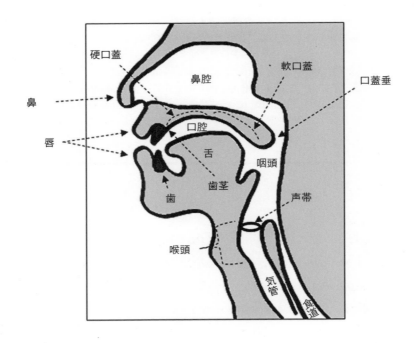

1. 母音

　発声器官により空気の流れが妨げられる程度が小さい音声を母音という。全ての母音が、4つの要素、①舌の位置（tongue position、前舌・中舌・後舌）、②舌の高さ（tongue height、高・中央・低）、③緊張の度合い（tense-ness、緊張・弛緩）、④唇の丸め具合（lip rounding、円唇・非円唇）の組み合わせにより決定される。

　日本語には「イ・エ・ア・オ・ウ」の5種類しかない母音だが、英語では主なもので15種類が

存在する。細かい差異を含めれば、イギリス英語では30種類、アメリカ英語では37種類にも及ぶ。日本語と英語との母音の違いは、その種類の数だけではなく、特に注意すべき点が2点ある。まずは、英語の母音は日本語の場合と比べ、口を動かす範囲が大きいということである。2点目は、英語にははっきりと発音しない曖昧な母音が存在し、極めて多くの語に出現することである。これらの点も含め、第2章第1節で詳述する。

コラム③　日本語は特殊な言語か

　英語は世界共通語であるが、日本語はそうではない。日本語は、広い世界の中の日本という島国で使われている、使用範囲の狭い言語である（母語話者数は世界屈指の多さではあるが）。日英語のこのような「格差」から、英語と特徴の異なる日本語を「特殊な言語だ」と思い込む人がいるようだ。例えば、「英語には母音が15種類以上もあるのに、日本語には母音が5種類しかない。日本語は変な言語だ」と思ってしまうかもしれない。

　しかし、本当にそうだろうか。調査対象の564言語の内、母音が5〜6種類の言語が半数（287言語）を占めるという報告がされている（Maddieson 2013）。日本語の特徴について、「言語としての特徴は極めて「普通」である」（町田 2008）、「日本語は特殊な言語ではない。しかし、英語は特殊な言語だ」（角田 2009）という言語学者もいる。日本語はどのような言語なのだろうか。難しい問題ではあるが、少なくとも、英語とだけ比べて「特殊な言語だ」と言うことは避けるべきであろう。

【参考】町田健（2008）『言語世界地図』新潮社.／Maddieson, Ian (2013) "Vowel Quality Inventories." In Matthew S. Dryer & Martin Haspelmath (eds.), *The World Atlas of Language Structures Online*. Leipzig: Max Planck Institute for Evolutionary Anthropology. https://wals.info/chapter/2／角田太作（2009）『世界の言語と日本語：言語類型論から見た日本語』（改訂版）くろしお出版.

---

2. 子音

　空気の流れが発声器官によって大きな妨げを受ける音声を子音という。全ての子音が、3つの要素、①調音位置（place of articulation）、②調音方法（manner of articulation）、③有声・無声の対比（voiced/voiceless）の組み合わせにより決定される。唇や歯など、どの発声器官を使うかを示すのが調音位置であり、その発声器官をどのように使って音声を産出するかを示すのが調音方法である。喉仏の辺りに左右一対の筋肉の塊である声帯（vocal chords）があり、空気が声帯を抜ける際に声帯が振動するのが有声（voiced）、振動しないのが無声（voiceless）である。

　日本語にも英語にも多くの子音が存在し、共通するものも多いが、片方にしかないものも幾つかある。発音全体に関わることとして、英語らしい発音には、息の強弱を日本語の場合よりもはっきりと付けることが重要である。この点を含め、調音方法に従った分類に基づき、第2章第2節で学ぶ。

第2節　音声の記述方法

　音声を正確に記述する手段として音声記号（phonetic symbol）が存在し、多くの音声学者がこれまでに様々な記号を用いてきた。しかし、我流の表記が混在すると、その正確に記述し、伝達するという目的が達成されなくなる。そこで、世界各国の言語学者が参集する国際音声学会（International Phonetic Association）において世界的な標準となる記号が決められている。これが国際音声記号（International Phonetic Alphabet）であり、略称のIPAで知られている。本書における音声の表記も、特に註釈のない限りは、IPAを使用している。

　音声の最も小さな単位を音素（phoneme）といい、これはその言語の母語話者が概念的に同一のものとして認識する音声のことである。IPAでは、この音素を基本単位とし、それぞれを表記できるように記号を定めている。音素は、スラッシュ/ /で括られた音素表記（phonemic transcription）で表す。音素は概念上の単位であるので、実際に発音される際には、若干ずれた音声として実現されることが多い。例えば、英語の音素/p/は、語頭では強い息の排出を伴い、[pʰ]と表記される音となる。実際の音声については、第2章で学ぶが、ここで重要なことは、実際の音声が角括弧[ ]で括られた音声表記（phonetic transcription）で表されるということである。

　ここで、現代日本語標準語の五十音と音素表記・音声表記の関係を示しておく。音声学を始めたばかりの日本人学習者にとって、例としてわかりやすいと考えるからである。なお、ローマ字などの表記法とは異なっている点に注意が必要である。

　音素表記は訓令式ローマ字と似ているところもあり、音声表記はヘボン式ローマ字と通じることがあるが、それぞれ全く違う概念であることに注意が必要である。また、英語のアルファベットとも異なる。例えば、ガ行の/g/の音声表記は[g]であり、筆記体のgとも形が違っている。ラ行の/r/は、[ɾ]と表記される。IPAでの[r]は、スペイン語などに見られる巻き舌のR音である。日本人の英語学習者にはあまり見慣れない文字も使われており、[ɸ]はギリシャ文字、[ç]はラテン文字ではあるがフランス語でだけ使われる文字である。また、上述の[ɾ]の他、[ɲ][ɕ][ɯ]などは、既存の文字を変形して近接した別の音声であることを示している。

　同じ行の中でも、ハ行には[h][ç][ɸ]があり、ザ行・ダ行には[ʥ]や[ʣ]が含まれている。実際に発音してみると、それぞれ微妙に違う音を出していることがわかる筈であり、それを音声表記では書き分けるのである。現代日本語標準語では、"じ"と"ぢ"、"ず"と"づ"を使い分けないため、同じ表記が使われている。同じ発音なので、表記も同じになるということである。また、拗音の音素表記では/j/が用いられるのに対して、音声表記では右付の小文字[ʲ]を用いることに注意が必要である。音声表記上の例えば[bjo]と[bʲo]は異なる音である。このように、五十音表の中でも多種多様な記号が用いられている、つまり、多種多様な音声が産出されていることが分かる。

ア行＝母音 音素表記 音声表記	あ /a/ [a]	い /i/ [i]	う /u/ [ɯ]	え /e/ [e]	お /o/ [o]	（拗音）		
カ行	か /ka/ [ka]	き /ki/ [ki]	く /ku/ [kɯ]	け /ke/ [ke]	こ /ko/ [ko]	きゃ /kja/ [kʲa]	きゅ /kju/ [kʲɯ]	きょ /kjo/ [kʲo]
ガ行	が /ga/ [ga]	ぎ /gi/ [gi]	ぐ /gu/ [gɯ]	げ /ge/ [ge]	ご /go/ [go]	ぎゃ /gja/ [gʲa]	ぎゅ /gju/ [gʲɯ]	ぎょ /gjo/ [gʲo]
サ行	さ /sa/ [sa]	し /si/ [ɕi]	す /su/ [sɯ]	せ /se/ [se]	そ /so/ [so]	しゃ /sja/ [ɕa]	しゅ /sju/ [ɕɯ]	しょ /sjo/ [ɕo]
ザ行	ざ /za/ [dza]	じ /zi/ [dʑi]	ず /zu/ [dzɯ]	ぜ /ze/ [dze]	ぞ /zo/ [dzo]	じゃ /zja/ [dʑa]	じゅ /zju/ [dʑɯ]	じょ /zjo/ [dʑo]
タ行	た /ta/ [ta]	ち /ti/ [tɕi]	つ /tu/ [tsɯ]	て /te/ [te]	と /to/ [to]	ちゃ /tja/ [tɕa]	ちゅ /tju/ [tɕɯ]	ちょ /tjo/ [tɕo]
ダ行	だ /da/ [da]	ぢ /zi/ [dʑi]	づ /zu/ [dzɯ]	で /de/ [de]	ど /do/ [do]	ぢゃ /zja/ [dʑa]	ぢゅ /zju/ [dʑɯ]	ぢょ /zjo/ [dʑo]
ナ行	な /na/ [na]	に /ni/ [ni]	ぬ /nu/ [nɯ]	ね /ne/ [ne]	の /no/ [no]	にゃ /nja/ [ɲa]	にゅ /nju/ [ɲɯ]	にょ /njo/ [ɲo]
ハ行	は /ha/ [ha]	ひ /hi/ [çi]	ふ /hu/ [ɸɯ]	へ /he/ [he]	ほ /ho/ [ho]	ひゃ /hja/ [ça]	ひゅ /hju/ [çɯ]	ひょ /hjo/ [ço]
バ行	ば /ba/ [ba]	び /bi/ [bi]	ぶ /bu/ [bɯ]	べ /be/ [be]	ぼ /bo/ [bo]	びゃ /bja/ [bʲa]	びゅ /bju/ [bʲɯ]	びょ /bjo/ [bʲo]
パ行	ぱ /pa/ [pa]	ぴ /pi/ [pi]	ぷ /pu/ [pɯ]	ぺ /pe/ [pe]	ぽ /po/ [po]	ぴゃ /pja/ [pʲa]	ぴゅ /pju/ [pʲɯ]	ぴょ /pjo/ [pʲo]
マ行	ま /ma/ [ma]	み /mi/ [mi]	む /mu/ [mɯ]	め /me/ [me]	も /mo/ [mo]	みゃ /mja/ [mʲa]	みゅ /mju/ [mʲɯ]	みょ /mjo/ [mʲo]
ヤ行	や /ja/ [ja]		ゆ /ju/ [jɯ]		よ /jo/ [jo]			
ラ行	ら /ra/ [ɾa]	り /ri/ [ɾi]	る /ru/ [ɾɯ]	れ /re/ [ɾe]	ろ /ro/ [ɾo]	りゃ /rja/ [ɾʲa]	りゅ /rju/ [ɾʲɯ]	りょ /rjo/ [ɾʲo]
ワ行	わ /wa/ [wa]				を /o/ [o]			

* イ段音については、口蓋化という現象が起こりやすく、その補助記号 (diacritic) の [ʲ] を伴って表記されることも多い。ガ行については、鼻濁音になると、[g] の代わりに [ŋ] となる。

コラム④　五十音図の仕組み

　日本語の五十音図の並び方について考えたことはあるだろうか。なぜ、「アカサタナハマヤラワ」なのか。なぜ、例えば「アマサタカナハヤラワ」ではないのか。何か規則性があるのだろう。この規則性を見出すのに、音声学の知識が役に立つ。まず、「母音（ア行）→子音＋母音（カ行以降）」という「単一→複合」の流れが見て取れる。カ行以降に関しては、調音位置について「喉の辺り（カ行）→歯の辺り（サ・タ・ナ行）→唇（マ行）」という「奥→手前」の流れがある。触れなかったハ・ヤ・ラ・ワ行には複雑な事情がある。ハ行についてだけ、ここで簡略に説明したい。

　ハ行の /h/ の調音位置は喉の辺り（声門）であるから、ナ行とマ行の間に置かれるのは、上述の流れにそぐわない。なぜ、ここに置かれているのか。その理由は、古くはハ行音が /ɸ/ で、これは両唇で出す音である。つまり、現代の仮名で書けば「ファ・フィ・フ・フェ・フォ」のような音だったのである。このように、五十音図から日本語音声の歴史を読み取ることが可能である。あなたは他にも歴史的変化の痕跡を見つけられるだろうか。

第2章
分節音

第1節　母音

　口腔内で妨げがなく、空気が流れ続ける音声を母音（vowel）という。母音を分類することは容易ではない。絶対的な基準がなく、全てが相対的に決定されるからである。様々な書物を繙くと、それぞれに違った説明をしているのはそのためである。本書では、IPAの記号を用いながら、独自の解釈を加えて、日本人の英語学習に便宜を図りたいと思う。

　絶対的基準はないものの、相応の傾向は存在する。全ての母音が、4つの要素、①舌の高さ（tongue height、高・中央・低）、②舌の位置（tongue position、前舌・中舌・後舌）、③唇の丸め具合（lip rounding、円唇・非円唇）、④緊張の度合い（tense-ness、緊張・弛緩）の組み合わせにより決定される。舌の位置と高さが相対的に決まると、母音の位置関係が定まる。

1. 前舌母音

　舌の位置が相対的に口腔の前側にある母音が前舌母音（front vowel）である。その内、舌の高さが高いものが高母音（high vowel）、中程度のものが中央母音（mid vowel）、低いものが低母音（low vowel）である。

a. 高前舌母音

　日本語では「イ」の音が高前舌母音（high front vowel）である。英語では、ここに緊張の度合いによる対比が存在し、緊張音（tense）の/i/と弛緩音（lax）の/ɪ/がある。よく似ているが、2つの音素表記は、よく見ると違っていることに気付くだろう。つまり、英語ではこの2つの音は違う音であると認識されるのである。

　英語の[i]は日本語の「イ」よりも口を横に引っ張り、さらに緊張させた音である。緊張を伴うので、長めに発音されることも多く、この場合には長音（long）を表す音声表記[:]を用いて[i:]とする。

　逆に[ɪ]は日本語の「イ」よりも口をリラックスさせて発音され、口の開きも若干広めになる。日本語の「イ」と「エ」の中間にあたる舌の高さとなるため、「エ」のように聞こえることもままある。アメリカ英語ではイギリス英語よりも[ɪ]が長く発音される傾向にあり、特に語末にある場合には、緊張を伴い[i]が使用されることもある（例：*happy, study, city*）。

日本語や英語で使われる /i/ と /ɪ/ は、唇の丸めを伴わない非円唇母音（unrounded vowel）である。世界の諸言語の内には、それぞれ対応する円唇母音（rounded vowel）の /y/ や /ʏ/ を有するものもある（例：フランス語 *humeur* [ymœʁ]「気分」、ドイツ語 *Füße* [fyːsə]「足」、オランダ語 *hut* [hʏt]「小屋」）。

b. 中央前舌母音

日本語では「エ」が中央前舌母音（mid front vowel）である。英語では、高母音と同様、緊張音 /e/ と弛緩音 /ɛ/ の対比がある。

英語の [e] は日本語の「エ」よりも口を少し横に広げ、縦にも指が1本入るくらいに開けて産出される音である。この音が単独で発音されることはなく、二重母音 [eɪ] の音として出現する。

[ɛ] は日本語の「エ」よりも口をリラックスさせて発音され、口の開きも広い。指が縦に2本ほど入るくらいの口の開きで発音される。

/e/ と /ɛ/ は非円唇母音であり、それぞれ対応する円唇母音は /ø/ と /œ/ である。日本語や英語には出現しないが、ドイツ語やフランス語には存在する（例：ドイツ語 *Goethe* [gøːtə]「ゲーテ」、フランス語 *feu* [fø]「火」、*sœurs* [sœʁ]「姉妹」）。

c. 低前舌母音

日本語標準語には低前舌母音（low front vowel）はないが、英語には /æ/ が存在する。緊張度による対比はないが、他の母音と相対的に比較すると、/æ/ は緊張音に分類される。非円唇母音であり、対応する円唇母音は /œ/ であるがに日英両語にはない。[æ] は口を横にも縦にも大きく開けて発音される音であり、日本語の「エ」と「ア」の中間音などといわれる。なお、名古屋弁などにはこの音があるともいわれ、名古屋の人にとっては馴染みやすい音である。

2. 後舌母音

舌の位置が相対的に口腔の後側にある母音が後舌母音（back vowel）である。前舌母音と同様に、高母音、中央母音、低母音に細分できる。

a. 高後舌母音

日本語では「ウ」の音が高後舌母音（high back vowel）である。日本語の「ウ」は、概念上は英語と同じ /u/ と解されるが、実際の発音では、非円唇母音の [ɯ] となることに注意が必要である。英語では、緊張音 /u/ と弛緩音 /ʊ/ の対比があり、ともに円唇母音である。非円唇弛緩音には記号が与えられていない（つまり、音素としてそれを用いる言語が今のところ見つかっていないことを暗示する）。

英語の [u] は日本語の「ウ」よりも唇を丸くすぼめて突き出し、さらに緊張させた音である。[i]

と同様に、長めに発音されることも多く、この場合には[uː]と表記する。また、イギリス英語では、半母音[j]が挿入されて[juː]になることがある（例：*assume, duty, student*）。

　[ʊ]は口をリラックスさせて、指が縦に1本入るくらいの口の開きで発音される。唇の丸めは伴うため、注意が必要である。

　日本語の高母音[i][ɯ]は、語尾や文末ではあまりはっきりと発音されず、声帯の震えを伴わない場合もある。特に「です」「ます」「でした」はこの現象が顕著に表れる。これを無声化（devoicing）といい、音声表記では[̥]を付加して[desɯ̥][masɯ̥][deɕita]のように示す。また、無声子音に挟まれると、ほとんど規則的に無声化する（例：北[ki̥ta]）。

b. 中央後舌母音

　日本語では「オ」が中央後舌母音（mid back vowel）である。英語では、高母音と同様、緊張音/o/と弛緩音/ɔ/の対比がある。

　英語の[o]は日本語の「オ」よりも唇の丸めが強い。口も縦に大きく開けて作られる音である。この音が単独で発音されることはなく、二重母音[oʊ]の音として出現する。

　[ɔ]は口を縦に開き、唇を丸めて発音される。「ア」の相対的範囲が比較的広い日本語の話者にとっては、「ア」に聞こえることもあるので、聴解には注意が必要である。また、長音の[ɔː]は二重母音の[oʊ]と混同しがちである。アメリカ英語では、長音化しやすい（例：*long, soft, strong*）。

　/o/と/ɔ/は円唇母音である。それぞれ対応する非円唇母音は/ɤ/と/ʌ/である。/ɤ/は英語にも日本語にも存在しない。英語の[ʌ]は口をやや半開きにし、小指1本ほど入るくらいの口の開きで発音される。日本語の「ア」よりも舌はやや高く、後ろに引かれる。

c. 低後舌母音

　日本語には低後舌母音（low back vowel）はないが、英語には/ɑ/が存在する。緊張度による対比はないが、他の母音と相対的に比較すると、/ɑ/は緊張音に分類される。非円唇母音であり、対応する円唇母音は/ɒ/である。[ɑ]は口を縦に大きく開けて発音される音であり、英語の母音の中では最も大きく口を開く。アメリカ英語において[æ]であるものは、イギリス英語では[ɑː]となる場合が多い（例：*after, ask, can*）。逆に、アメリカ英語で[ɑ]のものは、イギリス英語では[ɔ]となる傾向がある（例：*college, hot, shop*）。

3. 中舌母音

　舌の位置が相対的に口腔の中央にある母音が中舌母音（central vowel）である。高母音、中央母音、低母音に細分できるのは前舌母音や後舌母音と同じであるが、使用される音の種類は少ない。

a. 中央中舌母音

　日本語には中央中舌母音（mid central vowel）はないが、英語には/ə/が存在し、最も頻出すると言ってよい母音である。舌や唇、口全体の力を抜き、声を発すれば、この音となる。"曖昧母音"とも言われるとおり、「ア」にも「エ」にも「オ」にも聞こえるような音である。英語においては、アクセントを付与されない母音は、[ə]になることが多い。

　母音を調音する際に舌を盛り上げると、咽頭に狭めが生じ、その狭めによって母音がR音のような音色を帯びる。これをR音化（r-colouring）と呼び、そのような母音をR音性母音（r-coloured vowel/rhotic vowel）と呼ぶ。ほかの母音でも起こるが、/ə/で顕著である。アメリカ英語の特徴であり、イギリス英語では後に母音が続いたときにのみR音が挿入される。音声表記では[˞]を付加して表すが、/ə/については中央の横線が斜め上にあがって補助記号と連結する形になった[ɚ]が別に準備されている。

b. 低中舌母音

　英語では、低中舌母音（low central vowel）は/æ/の異形として、また、二重母音[aɪ][aʊ]の一部としてのみ現れるため、あまり気にすることはないが、/a/は日本語の「ア」を表す音素である。[æ]よりは広めで、[ɑ]よりは前寄りである。前述の通り、日本語の「ア」の範囲はかなり広いが、/a/で示されるとおり、一番低い真ん中が典型的な「ア」と解されている。

　また、弛緩母音の[ɐ]は、アメリカ英語で出現する音で、イギリス英語では[ʌ]で発音されるものがこの母音に変化する傾向にある。/ə/と近い位置にあり、同様にR音化して、[ɝ]になる傾向も見られる。

c. その他の中舌母音

　IPAの記号としては、この他にも6〜7種類の中舌母音があるが、日本語や英語を含め、馴染みのある言語でそれらを使用するものはない。よって、ここでは、説明を割愛する。

4. 二重母音

　英語には母音が複数並ぶ発音は原則として存在しない。二重母音（diphthong）は、ある母音から別の母音へと滑らかに渡っていく音であり、渡り音（glide）とも呼ばれる。表記としては2つの記号を並べて書くものの、同じ強さの母音が2つ並んでいるのではなく、後の方が弱く、合わせて「1つの音」として認識される。英語には[eɪ][aɪ][ɔɪ][aʊ][oʊ][ɪə][ɛə][ɔə][ʊə]がある。なお、イギリス南部の英語では、[oʊ]の[o]がはっきりと発音されず、[ʌʊ]に近い音になる（例：*boat, home, note*）。

《母音の記号一覧》

高前舌非円唇緊張母音	high front unrounded tense vowel	[i]	日英
高前舌円唇緊張母音	high front rounded tense vowel	[y]	
高前舌非円唇弛緩母音	high front unrounded lax vowel	[ɪ]	英
高前舌円唇弛緩母音	high front rounded lax vowel	[ʏ]	
中央前舌非円唇緊張母音	mid front unrounded tense vowel	[e]	日英
中央前舌円唇緊張母音	mid front rounded tense vowel	[ø]	
中央前舌非円唇弛緩母音	mid front unrounded lax vowel	[ɛ]	英
中央前舌円唇弛緩母音	mid front rounded lax vowel	[œ]	
低前舌非円唇緊張母音	low front unrounded tense vowel	[æ]	英
低前舌円唇緊張母音	low front rounded tense vowel	[ɶ]	
高後舌円唇緊張母音	high back rounded tense vowel	[u]	英
高後舌非円唇緊張母音	high back unrounded tense vowel	[ɯ]	日
高後舌円唇弛緩母音	high back rounded lax vowel	[ʊ]	英
中央後舌円唇緊張母音	mid back rounded tense vowel	[o]	日英
中央後舌非円唇緊張母音	mid back unrounded tense vowel	[ɤ]	
中央後舌円唇弛緩母音	mid back rounded lax vowel	[ɔ]	英
中央後舌非円唇弛緩母音	mid back unrounded lax vowel	[ʌ]	英
低後舌円唇緊張母音	low back rounded tense vowel	[ɒ]	
低後舌非円唇緊張母音	low back unrounded tense vowel	[ɑ]	英
高中舌非円唇緊張母音	high central unrounded tense vowel	[ɨ]	
高中舌円唇緊張母音	high central rounded tense vowel	[ʉ]	
中央中舌非円唇緊張母音	mid central unrounded tense vowel	[ɘ]	
中央中舌円唇緊張母音	mid central rounded tense vowel	[ɵ]	
中央中舌非円唇弛緩母音	mid central unrounded lax vowel	[ə]	英
低中舌非円唇弛緩母音	low central unrounded lax vowel	[ɜ]	英
低中舌円唇弛緩母音	low central rounded lax vowel	[ɞ]	
低中舌非円唇緊張母音	low central unrounded tense vowel	[a]	日英
低中舌円唇緊張母音	low central rounded tense vowel	[ɐ]	

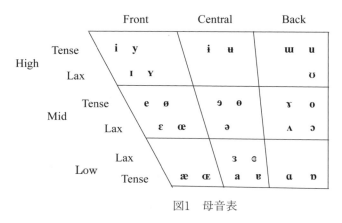

図1　母音表

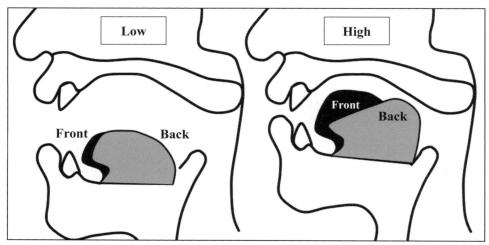

図2　舌の高さと位置

第2節　子音

　前節で扱った母音とは違い、子音（consonant）は息が発声器官で大きな抵抗を受けて発せられる音である。声帯の震えにより、有声（voiced）と無声（voiceless）に区分される。さらに、調音位置（place of articulation）と調音方法（manner of articulation）により分類される。全ての子音は、これら3つの要素により特定することができる。本節では、子音を調音方法により分類し、それぞれの個別の子音の特徴や発音上の注意点を見ていく。

1. 破裂音・閉鎖音
　破裂音（plosive）は、調音位置において息の流れを止め、その後瞬時に開いて勢いよく解放することによって爆発的な音が発声される。息の通り道を瞬間的に閉鎖するため、閉鎖音（stop）ともいわれる。

　英語と日本語には、ともに両唇音の[p][b]、歯茎音の[t][d]、軟口蓋音の[k][g]がある。また、ともに特殊な音声的環境において声門音の[ʔ]が出現する。さらに、世界の諸言語には、硬口蓋音の[c][ɟ]、口蓋垂音の[q][ɢ]、喉頭蓋音の[ʡ]を持つものもある。

　両唇音（bilabial）の[p][b]は、両唇をしっかりと閉じて閉鎖を作る。[p]が無声音（voiceless）で、[b]が有声音（voiced）である。日本語にもパ行・バ行の子音として存在するので、口の形を作ることは日本人にとって容易である。しかし、英語の両唇音は比較的強めに息を出す傾向があることに注意が必要である。特に語頭にある時には、大げさな程に強く息を放出するイメージが必要になる。この息を強く放出することを帯気（aspiration）といい、音声表記では[ʰ]を付加して[pʰ][bʰ]のように表す。逆に、語尾にある時には、口の形を作るだけで息を放出させない内破（implosive）となり、音としては聞こえ難くなる。内破の音声表記は[˺]を付加して[p˺][b˺]のように表す。日本語の「ぴ」「び」を発声する際には、口蓋化（palatalisation）という現象が起こりやすい。これは、舌面が硬口蓋に向かって近づく口蓋化の動きと、母音[i]を発声する際の調音器官の動きが似ているからである。音声表記では[ʲ]を付加して[pʲi][bʲi]のように表す。

　歯茎音（alveolar）の[t][d]は、舌先と歯茎との間に閉鎖を作る。[t]が無声音、[d]が有声音で、日本語のタ行（「ち」「つ」を除く）・ダ行（「ぢ」「づ」を除く）の子音である。日本語の方が若干前寄りで発音され、歯音（dental）とされることもある。両唇音と同様、帯気[tʰ][dʰ]、内破[t˺][d˺]も起こるため、英語を発音したり聞き取ったりする際には注意が必要である。なお、アメリカ英語には舌先で歯茎を弾くようにする/t/の異形があるが、これは音声表記では[ɾ]で表す弾き音（flap）である。この音については、流音の説明で後述するが、日本語のラ行の子音とほぼ同じものである。

　軟口蓋音（velar）の[k][g]は、舌面と軟口蓋との間に閉鎖を作る。[k]が無声音、[g]が有声音で、日本語のカ行・ガ行の子音である。英語では、帯気[kʰ][gʰ]、内破[k˺][g˺]も起こるため、発音したり聞き取ったりする際には注意が必要である。日本語の「き」「ぎ」を発声する際には、口蓋化が起こりやすく、[kʲi][gʲi]となることも多い。

　声門音（glottal）の[ʔ]は、日本語や英語では特殊な音声的環境においてのみ出現する。声帯を閉じて閉鎖を作る。英語では、特にアメリカ英語において/t/の変種として出現することがある（例：*button* [bʌʔn̩]）。日本語では、「アッ」の末尾の喉で切れる音である。なお、促音を全て[ʔ]で書くことは、誤りである（第3節で詳述する）。発声器官の構造上、有声声門破裂音は存在せず、また、帯気音にはならない。また、内破気味に発音されることが常であり、その意味で[ʔ]と[ʔ˺]はほぼ同義である。英語でglottal plosiveよりもglottal stopと言い慣わされてきた所以である。閉鎖のみで、破裂を伴わないのである。

　硬口蓋音（palatal）の[c][ɟ]は舌面と硬口蓋との間で、口蓋垂音（uvular）の[q][ɢ]は舌面と口蓋垂または軟口蓋の後端との間で、喉頭蓋音（epiglottal）の[ʡ]は咽頭壁と喉頭蓋との間でそれぞれ閉鎖を作る。これらは、英語や日本語にはないが、諸外国語の中には用いるものもある。例

24

えば、アラビア語 *Qur'ān* [qurʔaːn]「コーラン」は無声口蓋垂破裂音と声門閉鎖音を含んだ例である。また、ハワイ語も音素/ʔ/が存在する代表例である（例：*Hawai'i* [hawaiʔi]）。

無声両唇破裂音	voiceless bilabial plosive	[p]	日英
有声両唇破裂音	voiced bilabial plosive	[b]	日英
無声歯茎破裂音	voiceless alveolar plosive	[t]	日英
有声歯茎破裂音	voiced alveolar plosive	[d]	日英
無声硬口蓋破裂音	voiceless palatal plosive	[c]	
有声硬口蓋破裂音	voiced palatal plosive	[ɟ]	
無声軟口蓋破裂音	voiceless velar plosive	[k]	日英
有声軟口蓋破裂音	voiced velar plosive	[g]	日英
無声口蓋垂破裂音	voiceless uvular plosive	[q]	
有声口蓋垂破裂音	voiced uvular plosive	[ɢ]	
（無声）喉頭蓋破裂音	(voiceless) epiglottal plosive	[ʡ]	
（無声）声門閉鎖音	(voiceless) glottal stop	[ʔ]	（日英）

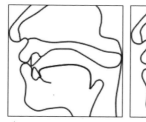  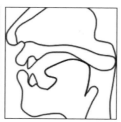 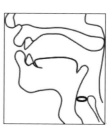

図1　両唇破裂音　　図2　歯茎破裂音　　図3　軟口蓋破裂音　　図4　声門閉鎖音

2. 摩擦音

　摩擦音（fricative）は、声道（vocal tract）内に狭い隙間を作り、空気がそこを通るときに摩擦を起こして出される音である。最も種類の多い音声であり、日本語や英語でも数が多い。

　英語と日本語に出現する摩擦音を見ると、英語のみに唇歯音の [f][v]、歯音の [θ][ð]、後部歯茎音の [ʃ][ʒ] があり、日本語のみに無声両唇音の [ɸ]、無声歯茎硬口蓋音の [ɕ]、無声硬口蓋音の [ç] がある。共通する音は、歯茎音の [s][z] と無声声門音の [h] である。その他に、有声両唇音の [β]、有声歯茎硬口蓋音の [ʑ]、有声硬口蓋音の [j]、軟口蓋音の [x][ɣ]、口蓋垂音の [χ][ʁ]、咽頭音の [ħ][ʕ]、喉頭蓋音の [ʜ][ʢ]、及び有声声門音の [ɦ] に記号が割り振られている。さらに、変わったものとして、両唇軟口蓋音 [ʍ]、後部歯茎軟口蓋音 [ɧ] もある。

　両唇音の [ɸ][β] は、両唇の間に隙間を作り、摩擦を起こす。日本語では無声音の [ɸ] が「ふ」の子音として存在する。現代日本語標準語のハ行は/h/だが、歴史的には/ɸ/やさらに古くは/p/で

あった時代があることがわかっている。[ɯ] の母音との相性など、発音上の便宜もあり、歴史的な [ɸ] が [ɸɯ] にだけ残存しているのである。有声音の [β] は、通常の日本語には出現しない音とされるが、実は有声両唇破裂音 /b/ は母音に挟まれると [β] となることがある。これは、閉鎖・破裂する前に次の母音へ移行するために起こる、早口の話し言葉特有の現象である。

　唇歯音（labiodental）の [f][v] は、上の前歯を下唇のやや内側に軽く当て、その隙間から息を吹き出すように摩擦を起こす。[f] が無声音で、[v] が有声音である。上歯を下唇に強く当てたり、噛んだりしてしまうと、隙間ができず摩擦が起こらないため、音声は出ない。この音は、日本語にはないので、「ふ」や「ぶ」で代用しないように注意が必要である。「ぶ」の音は、両唇破裂音の [b] である。

　歯音の [θ][ð] は、舌先を上の前歯の裏に軽く当て、その隙間で摩擦を起こす。英語の初学者には、上の歯と下の歯の間から舌を出したり、舌を軽く噛んだりするよう指導される場合が多いが、その必要はなく、英語の発音としては却って不自然となる。なお、この場合は、歯音ではなく、歯間音（interdental）という調音方法を取ったこととなる。

　歯茎音の [s][z] は、舌先と歯茎との間に隙間を作る。英語にも日本語にも存在する子音であるが、英語の方が息の勢いが強い。無声音の [s] は、「し」を除くサ行の子音であるが、日本語の方が若干前寄りで発音される。また、「し」だけは歯茎硬口蓋音となるため、注意が必要である。対する有声音の /z/ は、概念上はザ行の子音であるが、実際のザ行音は後述の破擦音として実現されるため、こちらも注意が必要である。但し、語中では [z] のまま実現されることも多い。

　後部歯茎音（postalveolar）の [ʃ][ʒ] と歯茎硬口蓋音（alveolo-palatal）の [ɕ][ʑ] は、それぞれ英語と日本語における表現で、実際にはあまり大差ない。歯茎と硬口蓋の中間あたりに舌面を近付け、隙間を作る。英語の方が息の勢いが強い傾向が見られ、唇の丸めを伴う。無声音の [ɕ] は、「し」及びサ行拗音の子音である。有声音の [ʑ] は、現代日本語標準語では破擦音に置き換えられてしまっているが、「じ」及びザ行拗音の子音として用いる方言もある。つまり、[ʒ] に相当する音は、標準語にはないため、標準語にもある後述の破擦音 [ʥ] で代用しないように注意する必要がある。なお、語中では [z] のまま実現されることもある。

　硬口蓋音の [ç] は、舌面と硬口蓋との間に隙間を作る。日本語の「ひ」の子音である。ハ行の子音は /h/ であるが、/i/ との相互作用により発音しやすい [çi] の音となったのである。また、ハ行拗音はこの子音を用いる。対する有声音の [j] は、日英語ともに存在しない。

　声門音の [h] は、声帯を狭めた隙間で摩擦を生み出す。日英両語に存在する音であり、「ひ」「ふ」を除くハ行の子音である。声帯を空気が通過する際に既に調音されるので、[h] を発音している最中から、舌や唇は後続する母音の調音位置を取る。対する有声音の [ɦ] は、日英語ともに用いない。

　軟口蓋音の [x][ɣ] は舌面と軟口蓋との間に、口蓋垂音の [χ][ʁ] は舌面と口蓋垂または軟口蓋の後端との間に、咽頭音（pharyngeal）の [ħ][ʕ] は舌根と咽頭壁との間に、喉頭蓋音の [ʜ][ʢ] は咽

頭壁と喉頭蓋との間にそれぞれ隙間を作って摩擦を起こす。日本語の /g/ が母音に挟まれた場合、異形として [ɣ] が出現することがあり、これは /b/ が [β] と発音されるのと同じである。その他は、英語にも日本語にも出現しない。ドイツ語やスコットランド語に /x/ があるのは有名である（例：ドイツ語 *Kuchen* [kuːxən]「菓子」、スコットランド語 *loch* [lɔx]「湖、入り江」）。また、フランス語の [ʁ] もよく知られている（例：*bonjour* [bɔ̃ʒuːʁ]「こんにちは」）。

　両唇軟口蓋音（labio-velar）の [ʍ] は、舌面と軟口蓋との間で隙間を作って摩擦を起こすと同時に、唇を丸めて両唇が近づくようにして発音される。実際にはあまり摩擦は起こらず、後述の接近音に近い。そのため、無声両唇軟口蓋接近音 [w̥] とされることもある（[̥] は「無声化」の補助記号）。アメリカ英語に /w/ の異形として存在し、[hw] と解されることも多い。*what* や *where* などの語頭の子音である。後部歯茎軟口蓋音（postalveolo-velar）の [ɧ] は、舌面と軟口蓋との間で隙間を作って摩擦を起こした直後に、舌面を歯茎と硬口蓋の中間あたりまで滑らすことで発声される。スウェーデン語に特徴的な子音である。

無声両唇摩擦音	voiceless bilabial fricative	[ɸ]	日
有声両唇摩擦音	voiced bilabial fricative	[β]	
無声唇歯摩擦音	voiceless labiodental fricative	[f]	英
有声唇歯摩擦音	voiced labiodental fricative	[v]	英
無声歯摩擦音	voiceless dental fricative	[θ]	英
有声歯摩擦音	voiced dental fricative	[ð]	英
無声歯茎摩擦音	voiceless alveolar fricative	[s]	日英
有声歯茎摩擦音	voiced alveolar fricative	[z]	日英
無声後部歯茎摩擦音	voiceless postalveolar fricative	[ʃ]	英
有声後部歯茎摩擦音	voiced postalveolar fricative	[ʒ]	英
無声歯茎硬口蓋摩擦音	voiceless alveolo-palatal fricative	[ɕ]	日
有声歯茎硬口蓋摩擦音	voiced alveolo-palatal fricative	[ʑ]	
無声硬口蓋摩擦音	voiceless palatal fricative	[ç]	日
有声硬口蓋摩擦音	voiced palatal fricative	[ʝ]	
無声軟口蓋摩擦音	voiceless velar fricative	[x]	
有声軟口蓋摩擦音	voiced velar fricative	[ɣ]	
無声口蓋垂摩擦音	voiceless uvular fricative	[χ]	
有声口蓋垂摩擦音	voiced uvular fricative	[ʁ]	
無声咽頭摩擦音	voiceless pharyngeal fricative	[ħ]	
有声咽頭摩擦音	voiced pharyngeal fricative	[ʕ]	
無声喉頭蓋摩擦音	voiceless epiglottal fricative	[ʜ]	

有声喉頭蓋摩擦音	voiced epiglottal fricative	[ʕ]	
無声声門摩擦音	voiceless glottal fricative	[h]	日英
有声声門摩擦音	voiced glottal fricative	[ɦ]	
（無声）両唇軟口蓋摩擦音	(voiceless) labio-velar fricative	[ʍ]	
（無声）後部歯茎軟口蓋摩擦音	(voiceless) postalveolo-velar fricative	[ɧ]	

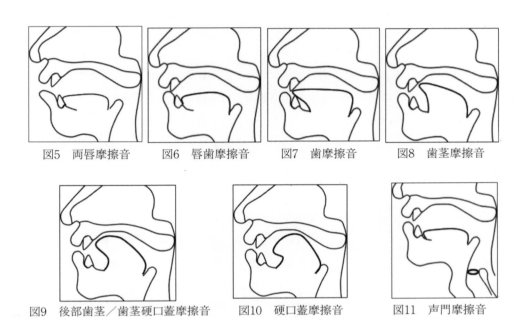

図5　両唇摩擦音　　図6　唇歯摩擦音　　図7　歯摩擦音　　図8　歯茎摩擦音

図9　後部歯茎／歯茎硬口蓋摩擦音　　図10　硬口蓋摩擦音　　図11　声門摩擦音

コラム⑤　/θ/, /ð/は「珍しい子音」

　"The World Atlas of Language Structures Online (WALS)" というウェブサイトがある（https://wals.info/）。*Atlas* は「地図帳」のことで、ある言語的特徴（音韻、文法、語彙、書字法など）が世界諸言語の中にどの程度見られるのかの統計が提示され、その特徴を持つ言語の分布が世界地図上に表示されている。このウェブサイトを確認することで、関心のある言語の特徴を広い視野から捉えることが可能となる。例えば、「珍しい子音」の項目を見てみよう（Maddieson 2013）。そこには、/θ/, /ð/が挙げられている。多くの英語学習者は気付いていないかもしれないが、これは珍しい音なのである。この子音は、調査対象の567言語の内の43言語（7.6％）にしか確認されなかったという。この事実を知っておくと、黒人英語や子どもの英語でTH音が異なる音（例：*the* [də]）に置き換えられる事象を説明する際のヒントになるだろう。
【参考】Maddieson, Ian (2013) "Presence of Uncommon Consonants." In Matthew S. Dryer & Martin Haspelmath (eds.), *The World Atlas of Language Structures Online*. Leipzig: Max Planck Institute for Evolutionary Anthropology. https://wals.info/chapter/19

3. 破擦音

　破擦音（affricate）は、破裂の直後に摩擦へと移行する音である。IPAでは、破裂音の記号と摩擦音の記号を並べて書くことにより表記する。特に1つの音であることを示す必要のある場合には、同時調音であることを示す[‿]を用いて[p͡f][g͡ɣ]のように表記する。破裂音と摩擦音を同時に調音するのだから破擦化（affrication）することになるのである。

　英語には歯茎音の[ts][dz]と後部歯茎音の[tʃ][dʒ]が、日本語には歯茎音の[ts][dz]と歯茎硬口蓋音の[tɕ][dʑ]がある。

　歯茎音の[ts][dz]は、舌先と歯茎の間に閉鎖を作り、瞬時に狭い隙間を開いて解放した後、その隙間を空気が通るときに摩擦を起こして産出される。日本語の方が若干前寄りで発音され、歯音とされることもある。無声音の[ts]は日本語の「つ」の子音であり、有声音の[dz]は日本語のザ行（「じ」を除く）の子音として現れる。ザ行は概念上/z/であるものの、現代日本語標準語ではこの破擦音が用いられている。英語では、複数形や三人称単数の動詞語尾を発音する際に出現する。

　後部歯茎音の[tʃ][dʒ]と歯茎硬口蓋音の[tɕ][dʑ]の違いについては、摩擦音と同様、然程深く考えずともよい。歯茎と硬口蓋の中間あたりに舌面を近付け閉鎖を作り、瞬時に狭い隙間を開いて解放した後、その隙間を空気が通るときに摩擦を起こす。英語の方が息の勢いが強い傾向が見られ、唇の丸めを伴う。無声音の[tɕ]は「ち」及びタ行拗音の、有声音の[dʑ]は「じ」「ぢ」及びザ行拗音・ダ行拗音の子音である。

　理論的には、この他に両唇音[pɸ][bβ]、唇歯音[pf][bv]、歯音[tθ][dð]、硬口蓋音[cç][ɟʝ]、軟口蓋音[kx][gɣ]、口蓋垂音[qχ][ɢʁ]が可能である。ドイツ語に無声唇歯破擦音が存在することは有名である（例：*Apfel* [apfəl]「林檎」）。

無声歯茎破擦音	voiceless alveolar affricate	[ts]	日英
有声歯茎破擦音	voiced alveolar affricate	[dz]	日英
無声後部歯茎破擦音	voiceless postalveolar affricate	[tʃ]	英
有声後部歯茎破擦音	voiced postalveolar affricate	[dʒ]	英
無声歯茎硬口蓋破擦音	voiceless alveolo-palatal affricate	[tɕ]	日
有声歯茎硬口蓋破擦音	voiced alveolo-palatal affricate	[dʑ]	日

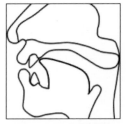 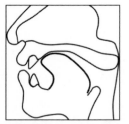

図12　歯茎破擦音　　図13　後部歯茎／歯茎硬口蓋破擦音

コラム⑥　四つ仮名「じ、ぢ、ず、づ」

　仮名の中で、「じ、ぢ、ず、づ」には、発音に関する特別の事情があることから、「四つ仮名」という名称が与えられている。特別の事情というのは、時代によって、方言によって、発音が異なるということである。古くは、「じ [z] vs. ぢ [d]」、「ず [z] vs. づ [d]」という「摩擦音 vs. 破裂音」の明瞭な対立を成していたが、「じ [z] vs. ぢ [dʑ]」、「ず [z] vs. づ [dz]」と変化したことで「摩擦音 vs. 破擦音」の対立となり、音声上の性質が近くなった。その後、両者の区別が消失し、現代共通語では、「じ、ぢ」は両者とも [dʑ]、「ず、づ」は両者とも [dz] である。方言に目を向けると、東北の方言のように四つ仮名がすべて同じ発音の方言もある一方で、九州南部の方言や高知県の方言のように四つ仮名を発音し分けている方言もあり、多様である。例えば、高知県の土佐弁では、「藤」は「ぢ」の発音、「富士山」は「じ」の発音、というように発音の区別がある。

4. 鼻音

　鼻音（nasal）は、軟口蓋（velum）が下がり、空気が鼻の中を通って出る音であり、鼻腔（nasal cavity）での共鳴（resonance）が起こる。基本的には全てが有声であるため、特に必要がある場合を除き、有声無声の違いを示す必要はない。口腔内では、調音位置での閉鎖を伴う。

　英語には両唇音の [m]、歯茎音の [n]、軟口蓋音の [ŋ] がある。日本語には英語にある音の他に、硬口蓋音の [ɲ] と口蓋垂音の [ɴ] がある。日英語にある音の他に、唇歯音の [ɱ] もある。

　両唇音の [m] は、日本語にもマ行の子音として存在する。しかし、他の両唇音と同様に、英語では比較的強めに息を出す傾向があることに注意が必要である。英語では、破裂音と同様、内破が起こり [m˺] となることがある。日本語の「み」を発声する際には、口蓋化しやすく、[mʲi] となることも多い。

　歯茎音の [n] も、日本語にある音で、ナ行の子音として用いられている音である。但し、日本語の方が若干前寄りで発音され、歯音とされることも多い。また、日本語の場合、/i/ が続く時には硬口蓋音の [ɲ] となるため、英語を発音する際には注意が必要である。

　硬口蓋音の [ɲ] は、英語にはない音だが、日本語ではニャ行の子音として存在する。

　軟口蓋音の [ŋ] は、*king* や *singing* の *ng* の部分の音である。この記号は、「エヌグ（eng）」という文字で、元々 n と g の合字である。つまり、調音方法が [n] と同じ「鼻音」で、調音位置は [g]

と同じ「軟口蓋」であることを表している。日本語では、鼻濁音ガ行の子音としても使われているので、無意識に使っている人も多いことだろう。発音する際に、後に [g] 音を付加せぬよう注意が必要である。

　口蓋垂音の [ɴ] は、日本語の「ん」の音である。このように言うと、ずいぶん簡単に思えるが、それほど簡単でもない。「ん」という仮名文字は、実は「鼻音」であることを示すだけで、一定の音を表すわけではない。例えば、進歩 [ɕimpo]、テント [tento]、蒟蒻 [koɲɲakɯ]、年号 [neŋgoː]、本 [hoɴ]、善意 [ʥeĩi] のように、その後ろに来る音によって調音上は様々な鼻音として現れる。これら環境によって色々に発現する [ɴ] 以外の音を、/ɴ/ の異音（allophone）という。実際に [ɴ] の発音になるのは、後ろに何もない時の「ん」だけである。撥音については第3節でも取り上げる。

　英語にも日本語にも基本的にはない音として唇歯音の [ɱ] がある。但し、英語では /m/ の異音としては存在し、*emphasis* [eɱfəsɪs] のように、唇歯音が後続する鼻音をこの音で発音する人もいる。

（有声）両唇鼻音	(voiced) bilabial nasal	[m]	日英
（有声）唇歯鼻音	(voiced) labiodental nasal	[ɱ]	
（有声）歯茎鼻音	(voiced) alveolar nasal	[n]	日英
（有声）硬口蓋鼻音	(voiced) palatal nasal	[ɲ]	日
（有声）軟口蓋鼻音	(voiced) velar nasal	[ŋ]	日英
（有声）口蓋垂鼻音	(voiced) uvular nasal	[ɴ]	日

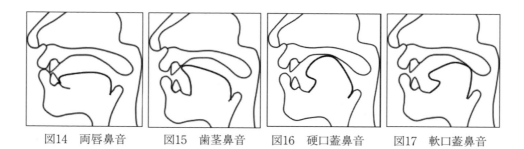

図14　両唇鼻音　　図15　歯茎鼻音　　図16　硬口蓋鼻音　　図17　軟口蓋鼻音

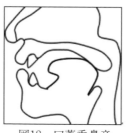

図18　口蓋垂鼻音

5. 流音・半母音

　流音（liquid）は、IPAにおける用語ではないが、口腔内の妨げが比較的少なく、息が流れ続ける音声の総称として便利であるため、旧来から使われてきた。IPAの分類では、震え音（trill）、弾き音（flap）、接近音（approximant）、側面音（lateral）がここに含まれる。側面音はさらに側面摩擦音（lateral fricative）、側面接近音（lateral approximant）、側面弾き音（lateral flap）に細分される。側面摩擦音を除き、全ての流音が有声音であるため、特に必要がある場合を除き、有声無声の違いを示す必要はない。

　a. 接近音

　接近音は、声道内に摩擦を引き起こさない程度の隙間を作り、そこで共鳴させて作り出す音である。接近音の内、特に口腔内の妨げが少なく、母音的な響きを併せ持つものを半母音（semi-vowel）と呼ぶこともある。

　英語と日本語に共通して硬口蓋音の [j] と両唇軟口蓋音の [w] があり、英語には加えて歯茎音の [ɹ] がある。その他に、唇歯音の [ʋ]、両唇硬口蓋音の [ɥ]、軟口蓋音の [ɰ] もある。両唇硬口蓋音はフランス語にある（例：*huit* [ɥit]「八」）。

　歯茎音の [ɹ] は、舌先と歯茎との間に隙間を作る。所謂、英語のR音である。英語では、隙間を作る際に、舌を盛り上がらせ、唇をやや丸めて突き出す。舌先はどこにも触れていないことに注意が必要である。音声表記は [ɹ] であり、[r] ではない点も注意を要す。

　硬口蓋音の [j] は、母音 [i] を発音する時よりも舌の中心部を硬口蓋に近づけ、その間に隙間を作る。調音位置での声道の広さは、破裂音＜摩擦音＜接近音＜母音の順に広くなることに注目すべきである。英語では所謂Y音であり、日本語ではヤ行の子音である。[y]や[ɣ]は、母音の記号で、別の音声を表すので表記に注意が必要である。

　両唇軟口蓋音の [w] は、母音 [u] を発音する時よりも舌の中心部を軟口蓋に近づけ、その間に隙間を作ると同時に、唇を丸めて両唇が近づくようにして発音される。英語では所謂W音であり、日本語では「わ」の子音である。日本語よりも英語の方が唇の丸めが強い。

（有声）唇歯接近音	(voiced) labiodental approximant	[ʋ]	
（有声）歯茎接近音	(voiced) alveolar approximant	[ɹ]	英
（有声）硬口蓋接近音	(voiced) palatal approximant	[j]	日英
（有声）両唇硬口蓋接近音	(voiced) labio-palatal approximant	[ɥ]	
（有声）軟口蓋接近音	(voiced) velar approximant	[ɰ]	
（有声）両唇軟口蓋接近音	(voiced) labio-velar approximant	[w]	日英

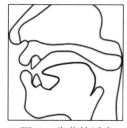
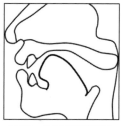
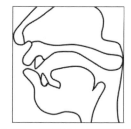

図19　歯茎接近音　　　　図20　硬口蓋接近音　　　　図21　両唇軟口蓋接近音

b. 弾き音

弾き音は、調音位置において瞬間的な接触を作ることによって作り出される音である。瞬間的な接触であり、閉鎖は伴わない。

日本語に歯茎音の[ɾ]がある。舌先で歯茎を叩いてすぐに離すことにより接触を作る。ラ行の子音として用いられる。日本語の「り」を発声する際には、口蓋化しやすく、[ɾʲi]となることも多い。唇歯音の[ⱱ]は、上の前歯で下唇を軽く叩くことにより産出する。

（有声）唇歯弾き音	(voiced) labiodental flap	[ⱱ]	
（有声）歯茎弾き音	(voiced) alveolar flap	[ɾ]	日

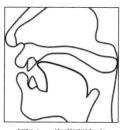

図22　歯茎弾き音

c. 震え音

震え音は、調音位置において軽く短い接触を何度も繰り返しながら産出される音である。瞬間的な閉鎖が何度も作られる。IPAでは、両唇音の[ʙ]、歯茎音の[r]、口蓋垂音の[ʀ]が辨別される。歯茎音の[r]は、所謂巻き舌のRである。日本語や英語には存在しない。

（有声）両唇震え音	(voiced) bilabial trill	[ʙ]
（有声）歯茎震え音	(voiced) alveolar trill	[r]
（有声）口蓋垂震え音	(voiced) uvular trill	[ʀ]

d. 側面音

　側面音は、舌の中央部の一部を上顎に密着させ、口腔内の中央部分の空気の流れを妨げたまま、舌の側面から空気を流して作り出す音である。この際、摩擦を生じさせずに声を共鳴させるものを側面接近音、隙間を狭く作り摩擦を生ずるものを側面摩擦音、瞬間的な接触を伴うものを側面弾き音という。

　日英語に関していえば、英語の歯茎接近音の [l] が存在するのみである。[l] は日本語のラ行の子音に似ているものの、舌先が歯茎にしっかりと密着した状態で発音される。また、/l/ は語頭・語中と語尾とでは微妙に異なって発音される。*love* のような語頭の /l/ は「明るいL」（clear *l*）と呼ばれ、明確な [l] となる。一方、*people* のような語尾の /l/ は「暗いL」（dark *l*）と呼ばれ、舌の後部が盛り上がって発音される。舌先に力を入れると、舌の後部が自然に盛り上がる。「暗いL」は、音声学的には軟口蓋化（velarised）または咽頭化（pharyngealised）した /l/ であり、補助記号 [~] を用いて [ɫ] と表記する。

　この他の側面音には、歯茎摩擦音の [ɬ][ɮ]、硬口蓋接近音の [ʎ]、軟口蓋接近音の [ʟ]、歯茎弾き音の [ɺ] がある。スペイン語に硬口蓋接近音があるのは有名である（例：*Castilla* [kastiʎa]「カスティーリャ地方」）。指定しなくても特定できる名称部分は省略できるため、側面摩擦音と言えば歯茎側面摩擦音のことであり、側面弾き音と言えば歯茎側面弾き音のこととなる。それぞれ歯茎音しかないからである。

無声（歯茎）側面摩擦音	voiceless (alveolar) lateral fricative	[ɬ]
有声（歯茎）側面摩擦音	voiced (alveolar) lateral fricative	[ɮ]
（有声）歯茎側面接近音	(voiced) alveolar lateral approximant	[l]　　英
（有声）硬口蓋側面接近音	(voiced) palatal lateral approximant	[ʎ]
（有声）軟口蓋側面接近音	(voiced) velar lateral approximant	[ʟ]
（有声）（歯茎）側面弾き音	(voiced) (alveolar) lateral flap	[ɺ]

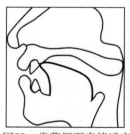

図23　歯茎側面音接近音

コラム⑦　赤ちゃんの敏感な耳

　　赤ちゃんは「無能」だと、古くは考えられていた。確かに、赤ちゃんは動けず、歩けず、食べられず、話せず、分からず、というように、できないことばかりである。しかし、実は、大人よりも優れた部分があることが、近年の研究で明らかになっている。その一例が、言語音の聞き分けである。大人は、自分の母語にない音は聞き分けない。例えば、日本語母語話者は英語の/r/音と/l/音を聞き分けない。しかし、赤ちゃんはほぼ全ての言語音を聞き分けるという。大人よりも優れた言語音辨別能力を持つのである。だが、この能力は1歳になる前には失われてしまう。最重要課題である母語音の獲得に特化するための戦略であろうか。

　　この話を聞いて、音声学を勉強している諸君は絶望するかもしれない。だが、あくまで失われるのは「<u>自然と</u>聞き分ける能力」である。訓練をすれば、非母語音も聞き分けられるようになるのだから、このコラムの前半部分を読んで失望し学習をやめることはしないで欲しい。

6. 反り舌音

　反り舌音（retroflex）は、舌先を歯茎と硬口蓋の中間あたりに接触・接近させて作られる特殊な子音である。IPA では、破裂音の [ʈ][ɖ]、摩擦音の [ʂ][ʐ]、鼻音の [ɳ]、接近音の [ɻ]、弾き音の [ɽ]、側面接近音の [ɭ] が記号を与えられている。日本語には全く存在しない音だが、英語では /r/ を [ɹ] ではなく [ɻ] で発音する人もいる。

無声反り舌破裂音	voiceless retroflex plosive	[ʈ]	
有声反り舌破裂音	voiced retroflex plosive	[ɖ]	
無声反り舌摩擦音	voiceless retroflex fricative	[ʂ]	
有声反り舌摩擦音	voiced retroflex fricative	[ʐ]	
無声反り舌破擦音	voiceless retroflex affricate	[ʈʂ]	
有声反り舌破擦音	voiced retroflex affricate	[ɖʐ]	
（有声）反り舌鼻音	(voiced) retroflex nasal	[ɳ]	
（有声）反り舌接近音	(voiced) retroflex approximant	[ɻ]	（英）
（有声）反り舌弾き音	(voiced) retroflex flap	[ɽ]	
（有声）反り舌側面（接近）音	(voiced) retroflex lateral (approximant)	[ɭ]	

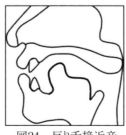

図24　反り舌接近音

7. その他の子音

　以上で述べてきた子音や母音は、肺から息を送り出し、その空気の流れを利用して声を発する肺臓気流機構（pulmonic）の音声である。しかし、空気の流れを肺以外の器官で起こす音も存在する。それらを総称して非肺臓気流機構（non-pulmonic）の音声という。喉頭を動かして空気の流れを起こす喉頭気流機構（glottalic）と、軟口蓋と舌で空気の流れを起こす軟口蓋気流機構（velaric）とがある。日英両語では、いずれの非肺臓気流機構音も存在しない。

　放出音（ejective）は、喉頭全体を上に動かして口腔内の空気の圧力を高め、外との圧力差によって口腔内の閉鎖を開放することによって、気流が中から外へと生じる音である。破裂音と摩擦音がある。IPA では、新たな記号を割り当てることはせず、補助記号の ['] を付けて [p'][t'] などのように表す。

　入破音（implosive）は、喉頭全体を下に動かして口腔内の空気の圧力を低め、外との圧力差によって口腔内の閉鎖が開放することによって、気流が外から中へと生じる音である。破裂音のみである。IPA では、両唇音の [ɓ]、歯音又は歯茎音の [ɗ]、硬口蓋音の [ʄ]、軟口蓋音の [ɠ]、口蓋垂音の [ʛ] の記号が設定されている。なお、英語での用語が、破裂音の「内破」と偶然同じになってしまっているが、両者の間に関連はない。plosive がない（否定接頭辞の in–）のが内破であり、plosive が内向き（前置詞の in と同根の接頭辞 in–）なのが入破音である。

　吸着音（click）は、軟口蓋と舌面の間で閉鎖を作ると同時に、それより前の調音点でも閉鎖を作って空気を閉じこめ、舌の動きによって口腔内の気圧を下げると、外との気圧差で閉鎖が開放されて外から内向きの気流が発生する音である。IPA には、両唇音の [ʘ]、歯音の [ǀ]、歯茎音の [!]、硬口蓋歯茎音の [ǂ]、歯茎側面音の [ǁ] がある。

両唇放出音	bilabial ejective	[p']
歯茎放出音	alveolar ejective	[t']
軟口蓋放出音	velar ejective	[k']
歯茎摩擦放出音	alveolar ejective fricative	[s']
両唇入破音	bilabial implosive	[ɓ]
歯茎入破音	alveolar implosive	[ɗ]
硬口蓋入破音	palatal implosive	[ʄ]
軟口蓋入破音	velar implosive	[ɠ]
口蓋垂入破音	uvular implosive	[ʛ]
両唇吸着音	bilabial click	[ʘ]
歯吸着音	dental click	[ǀ]
歯茎吸着音	alveolar click	[!]

| 硬口蓋歯茎吸着音 | palato-alveolar click | [ǂ] |
| 歯茎側面吸着音 | alveolar lateral click | [ǁ] |

第3節　日本語の特殊音素

　音声は、前2節で扱った母音及び子音の音声記号でその殆どが表記できる。しかし、日本語には、他に「特殊音素」と呼ばれる音素が存在し、それぞれに音素表記上の記号が決められている。本節では、この「特殊音素」である撥音、促音、長音を見ていく。

1. 撥音

　撥音は、仮名「ん」に相当する日本語の子音である。その特殊性は、通常の日本語子音は母音を伴うのに対し、撥音は子音単独で出現する点にある。後続する音の種類に応じてその発音が変化するが、音素表記する場合には /N/ を使用する。原則的には、後続する音と同じ調音位置で鼻音を作る。例えば、マ行・バ行・パ行の両唇音が後続する場合には [m] となり、カ行・ガ行の軟口蓋音が後続する場合には [ŋ] となる。つまり、後続する音の影響を受け、その音と同化するのである。これは、サ行・タ行の子音が後続の母音により変化するのと同じ原理である。同化は、発音しやすくするために生じる現象であり、意識せずとも自然に行われる。様々な音に変化するものの、その変化を意識することなく、撥音は単独の音素 /N/ として認識されるのである。以下に具体的な例を示す。

　後に両唇音が来る時：[m]
　　　進歩 [ɕimpo]、秋刀魚 [samma]、キャンプ [kʲampɯ]

　後に歯茎音が来る時：[n]
　　　温度 [ondo]、真ん中 [mannaka]

　後に硬口蓋音が来る時：[ɲ]
　　　大蒜 [ɲiɲɲikɯ]

　後に軟口蓋音が来る時：[ŋ]
　　　参加 [saŋka]、年号 [neŋgoː]

後に半母音が来る時：[ĩ][ũ]

　　金曜日 [kʲĩ̃jjoːbʲi]、神話 [ɕiũwa]

後に母音が来る時：鼻母音

　　千円 [seẽeɴ]、善意 [dʑeĩi]

後に何も来ない時・叮嚀に発音する時：[ɴ]

　　本 [hoɴ]、ペン [peɴ]

　なお、補助記号 [˜] は鼻音化（nasalisation）を示すものである。通常は、上記の例のように母音に付加し、鼻母音であることを示す。通常、母音及び子音（鼻音を除く）は、鼻腔への空気の流れを遮断して口腔内で共鳴を起こす。一方で、鼻音化すると、鼻腔へも空気が流れ、口腔と鼻腔の両方で共鳴が起こる。

2. 促音

　促音は、所謂「つまる音」のことで、仮名では「っ」で表される日本語の子音である。撥音と同じく子音単独で出現する点が通常の日本語子音と違っている。後続する音は、原則としてカ行・サ行・タ行・パ行の4種類の無声子音に限られているが、その後続子音の調音位置と調音方法に同化して発音が変化する。つまり、「っか」は [k]、「った」は [t]、「っさ」は [s]、「っぱ」は [p] と調音位置及び調音方法が同じになる。促音が母音の前に生じ得ないのは、調音の情報を決定するための後続子音が必要だからである。

　促音が撥音と異なる点は、具体的な音が産出されないということである。例えば「さっか」（作家）の「っ」は [k] と同じ硬口蓋で閉鎖が起こり、音が出ない状態である。つまり、無音状態なのであり、この無音状態を保つことができるかで促音の有無が決まる。「さっか」（作家）と「さか」（坂）では異なっており、意味の辨別を伴う重要な音の問題である。なお、サ行の音が後続する場合、「さ・す・せ・そ」では [s] が、「し」では [ɕ] が長く発音される。

　音声学的に見ると、例えば「坂」と「作家」では無声破裂音 [k] の長さ、「足」と「圧死」では無声摩擦音 [ɕ] の長さによって区別される。両者とも子音の長さの対立であるが、無声摩擦音の促音はその間に摩擦のノイズが聞き取れるが、無声破裂音の場合には閉鎖の持続として実現されるため、促音そのものは無音となる。

38

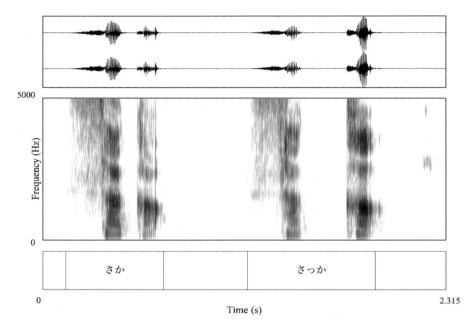

5000

Frequency (Hz)

0

| さか | | さっか | |

0   Time (s)   2.315

「さか」と「さっか」の音声波形

　促音の音声表記には2通りある。1つ目は、促音を担う子音を重ねて [sakka] のように表記する。特に破裂音が担う促音について、促音部分を内破と見做す場合においてはこちらの表記が好まれる。2つ目は、長音を表す [ː] を用いて [sakːa] のように表記する。こちらは子音の長さの対立を表したものとなる。なお、「長子音」を認めない学者もおり、その場合は前者の表記法を使うこととなる。促音の取扱については、未だ定まらないのである。促音の音素表記は /Q/ を用いる。

　日本語の発音は、次章で詳述する「モーラ」を基準に長さ及びリズムを取っているが、具体的な音が産出されないにもかかわらず促音は1モーラの長さを持つ。撥音及び促音が「特殊」と言われるのは、子音のみ或いは無音状態で、他の母音を伴うものと同じ「1モーラ」分の資格が与えられているからでもある。

3. 長音

　長音は、直前の母音を1モーラ分余分に長く発音することである。音素表記では /R/ を用い、音声表記では長くすることを表す [ː] を使用する。カタカナでは伸ばし棒「ー」を用いて表すが、ひらがなでは文字を使って母音が長いことを表す。日本語では、この母音の長短で意味を辨別するため、重要な音素となる（例：戸 vs. 塔、おじさん vs. おじいさん）。

音声表記の例：

　　　戸 [to]　　塔 [toː]

　　　おじさん [odʑisaɴ]　　おじいさん [odʑiːsaɴ]

　　　シート [ɕiːto]

　　　プール [pɯːɾɯ]

　　　ケーキ [keːkʲi]

　　　ノート [noːto]

　日本語における1モーラの長さは意外と長く、同様な長さの概念のない人にとっては発音することも辨別することも難しい。フランス語や韓国語には長母音と短母音の対立がない。また、英語には長母音・短母音はあるが、それぞれ緊張母音・弛緩母音の特性として認識され、長短で区別している意識はない。英語母語話者も日本語の長音が苦手なのは、このことが影響していると思われる。

　以上、日英語を中心に各言語で使われる音素を見てきた。次章では、これらの音素が組み合わされ、より大きな単位を為していく様を見ていくことにする。

第3章
超分節的要素

第1節　音節とモーラ

　前章では言語における最小の単位として、それぞれの音声（分節音 segmental phoneme）について学習を進めた。IPA の音声表に記載のある音声を概観し、特に日英両語の音声についてはその発音を習得できるよう、配慮したつもりである。勿論、これら一つひとつの音声について習得しただけでは、話すにしても聞くにしても不十分である。これらの音声が結びついて単語を作り、その単語が結びついて文を作り、文が結びついて談話となる。この際に生じる、分節音よりも大きな単位の音声が、本章の対象である。分節音を超えて結びついていく要素であるため、超分節的（suprasegmental）要素といわれる。先ずは、単独の分節音の次に小さな単位、音節（syllable）とモーラ（mora、複数形 morae）について見ていくことにする。

　人は、一続きの音を聞いた際に、それが物理的には明確な切れ目を為していなくても、知覚的に幾つかのまとまりに分割して判別する。このような分節音のまとまりであり、語の構成要素となるものを、音節／モーラと呼ぶ（単独の分節音で音節／モーラを形成する場合もある）。但し、これらの音声的まとまりは、構造的に決定されるか、時間的に決定されるか、という点で規定上の根本的な違いがある。

1. 音節

　音節の音声学的定義は、聴者側の観点（聴覚的な判断）か、話者側の観点（生理的・調音的な判断）かで異なるが、聴覚的な観点から捉えられる傾向が強い。

　聴覚的には、各分節音の聞こえ度（sonority）によって判断される。聞こえ度は、音声を同じ大きさ、高さ、長さで発した場合、どれだけ遠くまで届くかを示している。より遠くまで届くものの聞こえ度が大きく、遠くまで届きにくいものの聞こえ度が小さいということになる。聞こえ度は、音声の種類によってある程度決まる。例えば、遠くにいる人に注意したり呼びかけたりする時に、どのような音を発するだろうか。自然と「おーい！」や「あー！」のような低母音を用いるだろう。実際には様々な音が連なり、聞こえ度に変化はあるが、低母音の方が高母音の「い」や「う」よりも大きな音で響き、ましてや、破裂音や無声子音よりも明確に聞こえるであろうことはイメージできる。聞こえ度の大小は次のようになり、声道の開きの度合いと比例することがわかる。

低母音＞高母音＞震え音・弾き音＞接近音・鼻音＞有声摩擦音＞有声破裂音＞無声子音
a　　　i　　　　　　l ɹ　　　m　　　　v z　　　　b　　　　s
あ　　い　　　　　ら　　　む　　　　　　　ぶ　　　す

　分節音の連続に関して、聞こえ度の大きな母音が音節の核（nucleus）となることが多いが、必ずしもその限りではない。相対的に周囲の音の中で聞こえ度が大きいものが核となり、音節が形成される。例えば、*bottle* [bɑtl]の場合、[b]と[t]よりも [ɑ]の聞こえ度が大きいので[ɑ]が核となって[bɑt]が音節を為し、[t]よりも聞こえ度の大きい[l]は単独で核となって別の音節を為す。この場合、子音が核となって音節を形成するため、成節子音（syllabic consonant）といわれ、補助記号[ˌ]で示される。英語では、[l]の他に、[m̩]と[n̩]が音節核となることがあるが、これらは音素レベルではそれぞれ/əl/、/əm/、/ən/として解されるものであることが多い。特にアメリカ英語では、語尾の[l]や[n]が成節子音になる傾向がある。

　一方、生理的・調音的な音節の判断には、音声器官の緊張や弛緩の度合いが用いられる。繰り返し「あああああ」や「sssssssss」と言ってみると、息の強い部分や弱い部分、そして発声器官の筋肉の緊張や弛緩があることに気付くだろう。この息の強い部分、発声器官が緊張する部分を核として音節を形成する。

2. モーラ

　もとは、古典詩における韻律用語で、ラテン語では一定の長さを基準に詩のリズムを形成していた。音節と違い、構造によって規定されるものではなく、各言語内での音長に関する決まりに従う。日本語にはモーラの概念が存在するが、英語のようにモーラを持たない言語も多い。以下、日本語のモーラについて見ていく。

　日本語のリズムとして五七調や七五調があり、日本語話者には好まれる。これらの調子の基準となる長さの単位となるのがモーラである。日本語では「拍」と訳されることも多い。このモーラは、日本語で最も基本的なリズムの単位となるが、詳細は第2節で説明することとする。それぞれのモーラの長さは、心理的には全て同じ長さであると認識され、この基本的な単位を積み重ね、繰り返すことによって語句や文が発音される。日本語のモーラは、音節よりも小さい単位である。撥音「ん」、促音「っ」、長音「ー」は独立したモーラを形成するが、単独で音節を形成することはない。このことは、日本語の特殊音素として前章でも取り上げているが、「特殊音素」や「特殊拍」と呼ばれる所以である。これらの特殊拍はモーラの概念を持たない諸言語の話者にとっては難しい感覚となる。

3. 音節の境界・モーラの境界

音節の切れ目は、音声表記では [.] で表す。音節の境界については、日本語では子音連続が殆ど存在しないため、母語話者の感覚とほぼ一致する（例：おばさん [o.ba.saɴ]）。しかし、子音連続が多い英語では、音節数が決まっても、切れ目が曖昧なこともある。例えば、*extra* の場合、[s] が第1音節に入るのか第2音節に入るのかは、聴覚的にも調音的にも決めづらい（[eks.tɹə] vs. [ek.stɹə]）。このような場合、慣習的に決める規則も存在する（結果的に [ek.stɹə] が採用される）が、ここではそれに触れることは避ける。また、音声学的な音節の切れ目と、英語における分綴法に関わる音節の境界は、異なった原則により決定されることが多い。辞書などに提示される音節の境界は、分綴法に関わるものである場合が多いので注意が必要である。

音節は音の連続を幾つかのまとまりに分ける分節的な単位であるが、モーラは長さを基準とした時間的な単位である。時間的な単位を記述する方法は、残念ながら音声記号には存在していない。日本語では、上述の通り、音節に加えて、より小さなモーラがあり、その境界をイメージで表すと次のようになる。

図1　音節とモーラの大きさのイメージ

音節による区切りとモーラによる区切りでは、例えば以下のような違いが存在する。

	音節	モーラ
お爺さん	お／じい／さん	お・じ・い・さ・ん
切符	きっ／ぷ	き・っ・ぷ
チョコレート	チョ／コ／レー／ト	チョ・コ・レ・ー・ト

このように、日本語では音節とモーラという異なる単位が併存しており、日常的にはモーラを無意識のうちに使用している。但し、日本国内にも地域によってはモーラを持たない方言があり、全てがモーラを持つ方言ではないことに注意したい。このような方言は、モーラ方言に対してシラビーム方言と呼ばれることもあり、具体的には北奥羽方言（東北地方北部）、秋山郷方言（新潟・長野）、木曽開田方言（長野）、薩隅方言（鹿児島・宮崎）などである。

4. 日英語の音韻構造の相違

上述の通り、英語は音節を最小の音韻上の単位とし、日本語はより小さなモーラを基本単位と

する。英語は、母音（Vの記号を使用する）を中心に、両側に子音（Cの記号を使用する）を伴って音節を形成し、CVCの構造を基本とする言語である。一方で、日本語のモーラはCVの構造を基本とする。

　日本語の場合、ア行の5音「あ・い・う・え・お」が母音だけ（V）のモーラであり、これらと特殊拍を除けば、他の全てがCV構造のモーラとなる。英語の音節の場合は、Vのみの構造から、CV、VC、CVCなど多くの構造が可能である。最大の構造は、母音の前に3つ、後に4つの子音を持つ8音からなる音節（CCCVCCCC）である（例：*strengths* /strɛŋkθs/）。

　区切りについて言えば、英語のCVC構造では、音節の核となる音の前に切れ目がある（C|VC）。これは、頭子音と核との間に区切りがある。日本語のCV構造では、区切りは母音の後になり（CV|C）、CVの結びつきが強くなる。

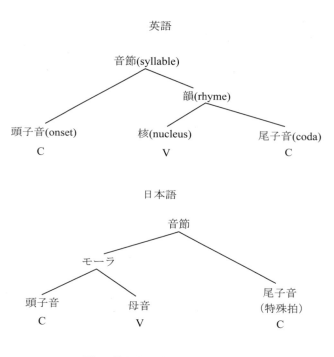

図2　英語と日本語の音節構造

　日本語母語話者は、日本語のCV構造の制約を、英語のCVC構造に母音を挿入し、CVCVの形にすることにより満たそうとする。このようなモーラと音節の相違が音声の持続時間に影響を及ぼす。さらに、日本語のアクセントパターンと相まって、本来存在しない位置にストレスが付与され、結果として日本人英語学習者の英語は英語母語話者に認識されにくくなることが言われている。例えば、英語の *Christmas* /ˈkrɪs.məs/ は2音節で1音節目にストレスが置かれるのに対して、日本語では「クリスマス」と5モーラで2・3拍目にアクセントが置かれる。このため、[kuˈris.mas] などと発音を誤ってしまうのである。なお、[ˈ]はアクセント位置を示す記号で、そ

の記号の後の音節に強勢があることを示し、これがある場合は [.] を省略する。

　日本語の長音、促音、撥音に関して、音節とモーラの関係をもう一度、以下に整理しておく。モーラの切れ目は便宜上ハイフン - で表すこととする。

	音節	モーラ
咲かす	[sa.ka.sɯ]（3音節）	/sa-ka-su/（3モーラ）
サーカス（長音）	[saː.ka.sɯ]（3音節）	/sa-R-ka-su/（4モーラ）
錯覚（促音）	[sak.ka.kɯ]（3音節）	/sa-Q-ka-ku/（4モーラ）
三角（撥音）	[saŋ.ka.kɯ]（3音節）	/sa-N-ka-ku/（4モーラ）

　このような音韻構造の違いは、音声知覚や短期記憶での音声処理にも影響を及ぼす。音声知覚において、日本語話者は英単語の分節化で日本語のリズムの影響を強く受けると言われている。これは、英語のCVCの音節単位と日本語のCVのモーラ単位の相違が、撥音の区切り方や持続時間に影響しているからである。このことから、英語のCVC構造に母音を挿入せず、ストレス位置を的確に発音することを意識することにより、より英語によるコミュニケーションが円滑になる筈である。

　また、音節の区切り方は、分節（phrasing）やリズムなどにも影響する。英語のリズムは、強勢が現れるまでの時間を一定の長さにする強勢リズム（stress-timed rhythm）であるのに対し、日本語のリズムは一つひとつの音節（モーラ）の長さを均等にする音節拍リズム（syllable/mora-timed rhythm）である。例えば、*Nippon*（日本）の場合、2つの音節単位nip-ponから構成され、第1音節のni-pの2モーラと第2音節のpo-nの2モーラ、合わせて4つのモーラが均等の長さで発音される。リズムについての詳細を次節で説明することとする。

第2節　リズムと韻律

　前節では、知覚的な音声の最小単位となる音節やモーラについて見たが、その内モーラは日本語におけるリズムの単位ともなることを示した。そこで、本節では、リズムについて見ていく。

1. リズム

　リズムとは、規則的な間隔で事象が生じる状態であり、例えば、心臓の鼓動、足音、電車の振動や音楽など、様々な場面で見出すことができる。このような規則的に繰り返されるものを見聞きすると、人はリズムを感じるのである。言語においても、リズムが存在する。

　世界の諸言語は、それぞれに特有のリズムの取り方があり、3種類に分類されている。強勢リ

ズム（stress-timed rhythm）の言語では、強勢（stress）のある音節から次の強勢のある音節までの時間が同じ間隔で生じる。このリズム構造では、無強勢の音節の数に関わらず、強勢が規則的な間隔で生じる傾向がある。英語の他に、ロシア語やアラビア語も類似したリズムを持つ。音節リズム（syllable-timed rhythm）の言語は、全ての音節が強勢の有無に関わらず、等間隔になる。このリズム構造では、強勢のある音節間の時間は、無強勢の音節数により、短くなったり長くなったりする。フランス語は、音節リズムを取ると言われている。拍リズム（mora-timed rhythm）の言語では、音節ではなく、モーラが等間隔に生じる。拍リズムの典型例が日本語である。なお、リズムを取る際の間隔は、心理的に作用するものであり、物理的に時間を計測しても必ずしも等間隔にはならないことに注意が必要である。

　下の例において、太字が強勢を置いて発音される語である。発音する際には、その語で間隔が合わされ、タイミングが取られる。

①	**John**	**bakes** a	**cake**	**often**.
②	**John** will	**bake** a	**cake** on	**Sunday**.
③	**John** will have	**baked** a	**cake** in my	**garden**.

　また、詩作上のリズムの基本単位として、特定の数の音節から成る韻脚（foot）があり、強勢リズムを取る英語でも行われる。英語では韻律的要素が強いが、日本語では日常的に2拍のまとまりでリズムを取る傾向がある。

こんにちは　　　　→　　こん／にち／は
　　　　　　　　　　　　♩　　♩　　♪

ありがとう　　　　→　　あり／が／とう
　　　　　　　　　　　　♩　　♪　　♩

この他にも、語の短縮や曜日の省略、数字（伸張・短縮）などにもこの傾向が見られる。

リモート・コントロール　→　リモコン
木村拓哉（歌手）　　　　→　きむたく
名古屋駅　　　　　　　　→　めいえき

2. 韻律

　英語の韻律（metre）には頭韻（alliteration）や脚韻（rhyme）があり、強弱の繰り返しによるリズムも存在する。頭韻とは同じ子音で始まる単語を並べることで、脚韻とは同じ母音と子音を組み合わせて終わる単語を並べることである。例えば、ピコ太郎がリズムに合わせて踊るPen-Pineapple-Apple-Pen (PPAP)は、ギネスブックにも世界最短で45秒しかない曲として認め

られているが、[p]音の頭韻により、リズムの効果が最大限に発揮されている好例である。頭韻や脚韻は、洋楽にもしばしば見られ、同じ響きの語を置き、繰り返すことでリズム効果をあげている。同音を繰り返すことにより、音の連続がリズムとなり耳に届くので心地良さも感じる。

　英語の詩のリズムには幾つかの形式があるが、それぞれ強弱及び脚韻の位置によるリズムが規定されている。シェイクスピア風ソネット（十四行詩）の形式では、脚韻の位置が2行ごとにab, ab, cd, cd, ef, ef, ggの順（同じアルファベットの行末で韻を踏む）で、強弱のリズムは1行に「弱強」の組み合わせが5回繰り返される。例えば、シェイクスピアの喜劇 *Twelfth Night, or What You Will* には次の詩があり、各行のリズムは強弱アクセントの規則と押韻の規則から成る。これは、第1幕第4場の末尾にあたる部分である。

> To woo your lady: [*Aside*] yet, a barful str**ife**!
> Whoe'er I woo, myself would be his w**ife**.

　この対になる2行（カプレット）は、ヴァイオラの言葉の調子が変化することが役者に指示される大切な箇所である。ヴァイオラが最後に一人きりになり、観客に問う場面であり、行末のstrifeとwifeで押韻しており、意味的にも一種の対を成している。ヴァイオラがwifeと言うことにより、オーシーノ侯爵との結婚を意識し、彼女の感情が爆発していることを詩の形で表している場面である。押韻することにより、強い思いの表出が見事に演出されるのである。

　日本語には、七五調や五七調といった、モーラ数を基準としたリズムが存在する。また、同じ音の繰り返しにより、リズムを生む技法もある。例えば、小倉百人一首にも見られる柿本人麻呂による次の歌は、「の」の音の繰り返しが効果的な例である。

> 足曳きの山鳥の尾のしだり尾の長々し夜を獨りかも寝む

　押韻する位置が機械的に決定されず、構造的なリズムが存在する訳ではないものの、同じ音の繰り返しによるリズムが生まれるのである。

　中国語では、平仄法の原則（各句の2文字目と4文字目は違うものがくる等）と押韻の規則（偶数句末で脚韻する等）による韻律リズムが存在している。孟浩然の「春曉」を例に挙げると、以下のような韻律がある。

> 春眠不覺曉　　○○●●●　　chūn mián bù jiǎo **xiǎo**
>
> 處處聞啼鳥　　●●○○●　　chù chù wén tí **niǎo**
>
> 夜來風雨聲　　●○○●○　　yè lái fēng yǔ shēng
>
> 花落知多少　　○●○○●　　huā luò zhī duō **shǎo**

　ここでは○が平声、●が仄声である。なお、ローマ字は便宜上、現代中国語の拼音で表記しており、作詞の時代の発音とは違うことに注意が必要である。この詩の場合は、太字の(i)ãoで韻を踏んでいる。

　このように、各言語はそれぞれに特有な韻律を有し、それぞれにリズムを生み出している。

コラム⑧　シェイクスピア劇中の名言

　シェイクスピア（William Shakespeare, 1564–1616）は、英国ロンドンで座付きの作家として活躍し、生涯に40以上の作品を残している。『ハムレット』『オセロー』『リア王』『マクベス』の4作品は、「シェイクスピアの四大悲劇」と呼ばれ、劇中には名言も数多く、今も語り継がれている。各作品の特徴的な台詞を挙げる。

1. *Hamlet*, Act III, Scene i
　　Hamlet: To be, or not to be,—that is the question.
　　　ハムレット：生か、死か、それが疑問だ。（福田恆存訳）
　この場面は、ハムレットの不安を表して、その不安を観客に伝えようとした、極めて重要な沈黙を生み出している。

2. *King Lear*, Act I, Scene i
　　Cordelia: Nothing, my lord.
　　Lear:　　Nothing!
　　Cordelia: Nothing.
　　Lear:　　Nothing will come of nothing: speak again.
　　　コーデリア：言うことはなにも。
　　　リア王：　　なにもない！
　　　コーデリア：なにも。
　　　リア王：　　なにもないところからなにも出てきはせぬ、言いなおすがいい。

（小田島雄志訳）

　リア王とコーデリアとの間でnothingが4度繰り返される。これは、理不尽で無の力が産まれ出る瞬間を表しており、コーデリアは欲望と異なる情愛をリア王から引き出していると言われている。

3. *Macbeth*, Act V, Scene v
　　Macbeth: Out, out, brief candle!
　　　　　　Life's but a walking shadow; a poor player.
　　　マクベス：消えろ、消えろ、束の間の灯火！
　　　　　　　人生は、たかが歩く影、哀れな役者だ。（松岡和子訳）
　この台詞は、悪党のマクベスが善王よりも底の深い人生哲学を吐露する時、漆黒の闇を照らし出していることに気付く場面である。

4. *Othello*, Act VI, Scene iii
　　Desdemona: The poor soul sat sighing by a sycamore tree
　　　　　　Sing all a green willow:

The fresh streams ran by her, and murmur'd her moans;
Sing willow, willow, willow
Hear salt tears fell from her and soften'd the stones.

デスデモーナ：あわれなあの娘はカエデのかげで
　　　　　　　溜息ついて歌ってた
　　　　　　　ああ　青い　青い　柳
　　　　　　　そばを流れる小川の声も
　　　　　　　あの娘の嘆きを歌ってた
　　　　　　　ああ　柳　柳　柳
　　　　　　　したたる涙に無情の石も
　　　　　　　あわれを感じて歌ってた　　　　　　　（小田島雄志訳）

　嫉妬深いオセローがイヤーゴの口車に乗せられ、最愛の妻デスデモーナを殺害する直前に、本能的に暗殺に気付いたデスデモーナが吐露する歌で、シェイクスピアが如何にことばの音楽家であったかを表した一節である。

第3節　連続した音声の諸相

　これまで、英語の音節や日本語のモーラは如何なるものか、特殊拍やそれ以外の拍の長さ、リズムを構成する要素などを確認した。本節では、特に英語に焦点を当て、連続した音声の現象を見ていく。強勢リズムの英語にとって、強勢のある音節を等間隔に保つためには無強勢の音節を如何に効率よく発音するかがポイントとなるため、英語に現れやすい現象である。但し、だからといって、日本語では起こらないわけではない。

1. 同化

　音声連続の中で、ある音素が隣接する他の音素の近くにあることにより、その音と類似した音として調音される音声現象を同化（assimilation）という。

　同化の仕方には幾つかある。前の音からの影響を引き継ぐものを順行同化（progressive assimilation）、次の音に備えてその音の一部を先取りするものを逆行同化（regressive assimilation）、隣り合った音が互いに影響し合うものを相互同化（reciprocal assimilation）という。このように分類されるが、実際には相互同化的に両者が混ざり合った中間の融合した音になることが多い。同化の内容に関しては、調音位置の同化、調音方法の同化、声の有無が一致する声の同化がある。英語の場合、同化の多くが逆行同化である。

順行同化	*happen*	/hæpən/	→	[hæpm̩]　/n/ が [p] と同化して両唇音に変化
逆行同化	*good boy*	/gʊd.bɔɪ/	→	[gʊb.bɔɪ]　/d/ が [b] と同化して両唇音に変化
	of course	/əv.kɔːrs/	→	[əf.kɔːrs]　/v/ が [k] と同化して無声音に変化

相互同化	*can't you*	/kænt.ju/	→	[kæn.ʧu]	/t/ と [j] が融合して変化
	did you	/dɪd.ju/	→	[dɪ.ʤu]	/d/ と [j] が融合して変化
	this year	/ðɪs.jɪəɹ/	→	[ðɪ.ʃɪəɹ]	/s/ と [j] が融合して変化
	as you	/əz.ju/	→	[ə.ʒu]	/z/ と [j] が融合して変化

　英語の複数形や3人称単数の"–s"は、発音する時に [s] になったり [z] になったりする。これは、順行同化による影響があるためである。前の音が無声の場合に無声音 [s] となり、有声の場合に有声音 [z] となるのである。過去形語尾の"–ed"も同様である。

　日本語の撥音が後にくる音によって調音点を変えるのは、逆行同化と見て良いだろう。また、/i/ を伴うモーラを形成する際に子音が口蓋化する現象も、逆行同化と見做すことができる。さらに、以下のようなものも、同化と考えられる。

読む ＋ た /jom/ ＋ /ta/	→	読んだ [jonda] 　相互同化
		/m/ が [t] と同化して歯茎音に変化
		/t/ が [m] と同化して有声音に変化
買う ＋ た /kaw/ ＋ /ta/	→	買った [katta] 　逆行同化
		/w/ が [t] と同化して同音の [t] に変化

2. 連結

　英語は、無強勢の音節を効率よく発音し、強勢を等間隔に保とうとする。このため、日本語のように一語一語がはっきりとせず、隣同士の音がつながって聞こえる。これを連結発音（linking）と呼び、子音と母音の組み合わせで生じる音声現象である。

　子音で終わる語と、母音で始まる語が隣接する時、その子音と母音が1音節であるかのように、つなげて発音される。語の切れ目が判り難くなるため、リスニングの際には注意が必要な現象である。また、スピーキングの際にも、自然に連結されないと、英語のリズムを壊しがちになり、なかなか英語らしくならないので、練習が必要である。以下の例では、連結部分を下線で示す。

I'd like to have a cup of coffee.	*cup of*	/kʌp.əv/	→	[kʌ.pə]
Come on! You can do it.	*come on*	/kʌm.ɑn/	→	[kʌ.mɑn]
We had to put it off until next week.	*put it off*	/pʊt.ɪt.ɔːf/	→	[pʊ.ɾɪ.tɔf]
Could I have a glass of water, please?	*could I*	/kʊd.aɪ/	→	[kə.daɪ]
I worked hard in order to get it finished.	*in order to*	/ɪn.ɔːɹ.də.tu/	→	[ɪ.nɔː.ɹə.tə]
It is best that you run away.	*run away*	/rʌn.ə.weɪ/	→	[rʌ.nə.weɪ]
Turn off the lights as you go out, please.	*turn off*	/təːɹn.ɔːf/	→	[təː.nɔf]

I can stop by your office to p<u>ick it up</u>.	*pick it up*	/pɪk.ɪt.ʌp/	→	[ˈpɪ.kɪ.tʌpˋ]
Let's s<u>ing a</u> new song.	*sing a*	/sɪŋ.ə/	→	[sɪ.ŋə]
Take good ca<u>re of</u> yourself.	*care of*	/keɚ.əv/	→	[keɚ.ɹəv]
I will ca<u>ll again</u>.	*call again*	/kɔːl.ə.geɪn/	→	[kɔː.lə.gen]

3. 脱落

　ある環境で音が消える現象を脱落（elision）という。話し言葉の速度や、叮嚀さの度合いなどにより、本来あるはずの音が実際の音声では聞こえなくなったり、実際に発音から脱落したりしてしまうことがある。これは、個々の音声器官の動くタイミングがずれることによって起こる。

　音節の頭に破裂に伴う帯気音[pʰ][tʰ][kʰ]がある場合に、後続の弛緩母音が脱落することが知られている（例：*today* /tədeɪ/ → [tʰdeɪ]）。また、弛緩母音の後に[n]が続く場合にもその母音が脱落する傾向にある（例：*tonight* /tənaɪt/ → [tnaɪt]）。

　この他に、縮約形も脱落と見做すことが可能である。*I am* /aɪ.əm/が*I'm* [aɪm]になるのは、あまり注意しない早い話し言葉において[ə]の調音が整わないうちに[m]に移行してしまい、[ə]が脱落してしまうからである。その他の*she'll, there's, I've*などに関しても、縮約が起こる原理は同じであり、同様に脱落の例といえる。実際の発音の際には、英語母語話者は非縮約形*she will*も縮約形*she'll*も同じものと見做して読んでいるようである。リスニングのスクリプトを見ていると、*I have*と書かれたところで[aɪv]と聞こえたり、*they'll*と書かれたところで[ðeɪ.wəl]と聞こえたりして戸惑ったことがあるのではなかろうか。これは、この母語話者の縮約に対する認識と脱落の原理によって起こる現象であり、解ってしまえば不思議なことではないのである。

　日本語でも、英語ほど多くはないが、脱落が生じる場合がある。「笑っている」や「光っています」を「わらってる」や「ひかってます」と発音するような場合、連続する母音を発音し易くするために省略する脱落の例だと考えられる。また、錦織と書いて「にしこり」と読ませる苗字があるが、これも脱落の例と言える。/niɕikiori/であるところ、[niɕikjori]などのように無声化したり、[niɕikori]のように脱落したりする場合があるのである。

　フランス語では、le, ce, ne, de, je, me, te, se, que のような、もともと弱く発音される/ə/を持つ短い代名詞、冠詞、接続詞などに、母音で始まる語が後続する時、発音上では母音/ə/が脱落し、文字では母音字を省略してアポストロフに置き換わる（例：*je aime* → *j'aime*）。英語や日本語の場合とは違い、この縮約は義務的に起こるのが特徴である。

　また、英語では、特定の2つの子音が連続すると、前の音が聞こえなくなることがあるが、これも広義の脱落に含めることができるだろう。具体的に見ると、①破裂音又は鼻音が2つ連続する場合、②調音位置が類似する子音が2つ連続する（2つ目の音は摩擦音）場合がある。但し、①は先の音が内破を起こして聞き取りにくくなったもの、②は先の音が逆行同化により後の音と同じになり分別できなくなったものと解することも可能である。以下、幾つか例を挙げておく。

[t] + [t]	①	I've got to see it.
[d] + [t]	①	Have a good time at the party.
[k] + [k]	①	Please give me a book case.
[d] + [m]	①	Could you send me a letter?
[θ] + [ð]	②	Be careful with that hot frying pan.
[s] + [ʃ]	②	My tennis shoes are outside.
[t] + [ð]	②	I bought this yellow hat.

第4節　アクセント

アクセント（accent）は、社会言語学では「方言上の訛り」の意味で使われるなど、分野によって様々な意味で使われる語であるが、音声学では「語あるいは文の中に現れる音の強弱・高低・長短」を表わす用語として用いられる。強い、高い、長い音に「アクセントがある」あるいは「アクセントが置かれている」と表現する。英語は音声の強弱を際立たせる強弱アクセント（stress accent）、日本語は音声の高低を際立たせる高低アクセント（pitch accent）の言語である。音声の長短を際立たせる言語は、長短アクセント（quantitative accent）の言語という。なお、これらは全く独立した概念ではなく、各言語がどこに最も注目するかという問題である。強い音は高く長い音であることが多い、高い音は強く長い傾向にある、といった具合である。本節では、強勢アクセントを母音の上に「´」を付加することによって示す。また、高低アクセントの上昇部に「↗」、下降部に「↘」の記号を用いる。加えて、見やすいよう、アクセント部分は太字も用いて示すことにする。

1. 語の中でのアクセント

語中のアクセントは、単に「アクセント」あるいは「語アクセント（lexical accent）」という。語アクセントの機能には主に辨別機能と統語機能とがある。

辨別機能は、アクセントの位置により、語の意味の違いを区別する機能である。英語では例えば *ínsight* [□□nsaɪt]「洞察」と *incíte* [ɪn□saɪt]「刺激する」は強勢位置のみが違い、日本語では例えば雨（あ↘め）と飴（あ↗め）は高低の付け方のみが違っており、このことにより意味が辨別される。英語では、*incréase*（動詞）と *íncrease*（名詞）、*expért*（形容詞）と *éxpert*（名詞）、*absént*（動詞）と *ábsent*（形容詞）など、品詞によってアクセントの位置が変化する傾向にある。アクセントがない母音は、英語では曖昧母音[ə]になる傾向があり、これらの対は発音上、必ずしもアクセントのみの違いとはならないこともあるので、注意を要する。

日本語は、同音異義語が多いが、アクセントの違いによりある程度意味の区別が予想できる。

但し、方言によって、アクセントの違いが現われる点に注意しなくてはならない。例えば、「ありがとう」のアクセントで見ても、以下のように地域によって差がある。

東京	名古屋	関西	鹿児島
あ↑り↓がとう	あり↑が↓とう	ありが↑とう↓	ありがと↑う

　統語機能は、アクセントの位置により、語と語の切れ目を示したり、語の始まりを示したりする機能である。日本語のアクセントは一定の法則性や類型があり、その法則により、語の切れ目や始まりが示される。一方で、英語ではアクセントの位置に構造的な決まりがないため、明確に語の切れ目や始まりを示すことはできないが、語が幾つあるのかはアクセントの数により分かる。

　日本語のアクセントでは、モーラ毎に「高」または「低」のいずれかが割り当てられる。その高低は、「語の第1拍と第2拍は高さが異なる」、「高く発音される部分は各語につき1箇所のみである」という2つの法則に基づいており、標準語では4つに類型される。①語頭の1拍目は高く2拍目から低くなる「頭高型」、②1拍目は低く2拍目で高くなり語中で再び低くなる「中高型」、③1拍目は低く2拍目で高くなり語尾（助詞などの前）で低くなる「尾高型」、④1拍目は低く2拍目で高くなった後は全体的に平坦に発音される「平板型」がある。助詞などが付かない場合、尾高型と平板型は同じ発音となるため、名詞のアクセント型を例語で以て示す場合には通例「が」などを付加して示す。この類型は、語中の音調が高い部分に注目している。それぞれの型の例を示す。

①頭高型：は↓が（歯）、は↓しが（箸）、よ↓む（読む）
②中高型：の↑み↓ものが（飲み物）、あ↑つ↓い（暑い）
③尾高型：は↑し↓が（橋）、い↑もうと↓が（妹）、こ↑とば↓が（言葉）
④平板型：は↑が（葉）、は↑しが（端）、く↑すりが（薬）、あ↑まい（甘い）、う↑たう（歌う）

　語中で音調が「高」から「低」に移る際の最後の「高」のモーラをアクセント核と呼ぶ。この核の有無に注目した分類もある。この場合、前述の「頭高型」「中高型」「尾高型」が「有核語」であるのに対し、「平板型」は「無核語」である。

　日本語のアクセントは、核の有無と位置が重要な基準となる高低アクセントである。このような明確な基準を持たない英語の強弱アクセントは、日本人英語学習者には難しいと思われる。適切な位置に強勢を置くことが困難となるのである。

2. 文アクセント
　次に、語よりも大きな、句や文の単位になった場合のアクセントについて考えていく。

　日本語のアクセントは、語のまとまり（語＋助詞≒文節）により、幾つかのまとまりに区切って発音することになる。その区切りの位置で音調の上昇・下降が現われ、境界が示される。アクセントによる句の境界をスラッシュ／を用いて示すと、例えば次のようになる。

名古屋に親戚のお姉さんが来た。
な￣ごやに／し￩んせきの／お￩ね￢えさんが／き￣た　（4分割）

　このように、アクセントによる句の境界を示す機能は、アクセント核によって果たされる。アクセント核を含む語とそれに結合した助詞が1つのアクセント句を構成する。通常、1つのアクセント句には、アクセント核は1つ含まれている。
　発話全体の音調パターンは、基本的には発話を構成する個々のアクセント句の音調パターンの結合として形成される。（次節に述べる日本語のイントネーションの基本的な単位ともなる。）統語的には同じ文であっても、アクセントを分割する方法は1つではないことに留意すべきである。アクセント句の数が異なれば、上昇・下降の回数も変わり、その結果として発話全体の形状も変わるからである（例：**な￣ごやに／し￩んせきのおね￢えさんが／き￣た**　3分割）。
　以下の文に高低アクセントと境界の記号を付けるとどうなるだろうか。練習してみよう。

1) 貴社の記者が汽車で帰社した。
　　き　しゃ　の　き　しゃ　が　き　しゃ　で　き　しゃ　し　た

2) 橋本さんが箸を持って橋の端まで走った。
　　は　し　も　と　さ　ん　が　は　し　を　も　っ　て　は　し　の　は　し　ま　で　は　し　っ　た

　英語の文アクセントは、内容語（content word）を強く、機能語（function word）を弱く発音することを原則とする。内容語は動詞、名詞、形容詞など、主に意味内容を示す語であるのに対し、機能語は助動詞、前置詞、冠詞など、主に文法機能を担う語である。内容語と機能語を品詞別に整理すると以下の表のようになる。

内容語＝強アクセント		機能語＝弱アクセント	
品詞	例	品詞	例
一般動詞	go, do, study, listen	be動詞	is, am, are
名詞	Nagoya, Mary, flower, house	人称代名詞	I, you, he, she, we, they
形容詞	red, small, good, difficult	助動詞	do, can, may, must, should
副詞	yesterday, now, slowly	前置詞	to, in, on, at, for, with
疑問詞	what, when, where, why, how	冠詞	a, an, the
指示詞	this, that	接続詞	and, but, that
数詞	one, two, three	関係詞	that, who, which

　この原則に反して、強調したり対比したりする場合には、通常は弱アクセントを取る語が強く発音されることがある。例えば、有名なリンカーンの演説の最終盤に出てくる "government *of* the people, *by* the people, *for* the people" という表現では、前置詞の対比が重要であるため、of, by, for が強く発音される。このように、機能語は、強調・対比する場合や文末にある場合を除いては、アクセントを持たない。特に、内容から推測しやすいものは、弱く、短く発音される。この形態を弱形（weak form）という。逆に、意味的に強調される場合には、機能語でも強く発音されるが、これを強形（strong form）という。助動詞 *can*、冠詞 *the* を例に見てみる。

Who can speak better English?	文中の機能語、強調なし	→	弱形
David can.	文末の機能語、強調なし	→	強形
This is *the* book I was talking about.	文中の機能語、強調あり	→	強形

　また、以下の例のように、話者が文中で一番に伝えたい内容の部分が特に強く発音される。

●　★　　●●●
Here comes the parade.
ほら、来るよ

●　●●　●●★●　●　●●
He's working for a trading company.
他の会社ではなく、貿易会社だ

★最も強い部分
●強い部分
●弱い部分

●●　●●●●●●　●　★
A dog with a hat is on the desk.
机の上だ

このように、日本語は高低アクセント、英語は強弱アクセントの言語であることが分かる。日本語も英語も、アクセントの位置によって、意味を辨別し、語の切れ目の判別をする。また、語の境界を越え、文全体の意味内容と関わり、リズムや次節で述べるイントネーションを規定している。

コラム⑨ 「発音の練習＝分節音の練習」というわけではない

　発音の練習といえば、分節音の練習、例えばr/lやthの音をきれいに出せるように徹底的に練習する、ということを一番に思いつく人が多いだろう。言うまでもなく、それは重要である。ただ、分節音の発音が完璧なら伝わると思っているのであれば、それは大間違いである。アクセントやイントネーションなどの超分節的音声が適切に発音されなければ、ことばは適切に伝わらない。例えば、分節音の発音が適切でもアクセントが不適切ならば伝わらないこともあるし、逆に、分節音の発音が不適切でもアクセントが適切ならば伝わるということさえある。また、イントネーションにより、メッセージに「驚き」「納得」「疑念」「無関心」「突き放し」など、多様な心的態度を込めることができるが、不適切な発音をしてしまうと意図せぬ結果につながることもある。このように、メッセージというのは、音声的特徴が多層的に組み合わさって伝達されるものであることを心得ておかねばならない。

第5節　イントネーション

　イントネーション（intonation）は、広義には文全体の音の高低を指すが、狭義には話者が用いる表現に関わる音調を意味する。

　前節で見たアクセントは、語ごとに決まり、その語の一部として認識される。そのため、話者の気持ちなど、状況によって変化することはない。それに対し、イントネーションは、音節や語の単位ではなく、句や文、談話にも及ぶ大きな単位で起こる音声の変化である。語が単独で発話されることもあるが、それは一語文といわれ、発話が完結している時点で「文」であると認識される。

　音声言語によるコミュニケーションには、文字情報としては現れない話者の態度、意図、感情などの情報が含まれる。この部分を担っているのがイントネーションであり、適切に使用しないと意図とは違う情報が伝わってしまうことがある。イントネーションは、文の意味として大きな機能を持ち、話者の心境や状態などに合わせて変化する。

1. イントネーションの構成要素と機能
イントネーションは超分節的な特徴であり、音の高さである「ピッチ」（pitch）、音の強さで

ある「ストレス」(stress)、音の長さである「持続時間」(duration) と関係している。その中でも、特にピッチの変動と密接に関わっている。

　ピッチは、声の高低であり、物理量としては基本周波数（fundamental frequency, F_0）で示される。単位はヘルツ（Hz）である。ピッチの変動により話者の意図や感情などの情報が伝達されるため、話者の意図や感情を理解し、適切に伝えるためには、ピッチの発音操作ができるようにする必要がある。話者がピッチ変動を制御することで、聴者は意味の違いを辨別する。音の高さは、呼気量による声帯振動数によって決定されるが、性別、年齢、声帯の長短などによって変化し、聴者に与える話者に対しての印象を決める要素でもある。ピッチ変動は、話者の意図や感情の理解、意味内容に関わる語の特定、文の機能の辨別などに不可欠な要素である。

　ストレスは、肺から空気を押し出す際に呼吸筋が消費するエネルギーを指し、物理量としては振動振幅（power）として表れる。振幅の単位はベルであるが、測定にはデシベル（dB）が用いられることが多い。気流の増大によって呼気が強くなり、結果として物理的には音が大きくなり、振幅が大きくなる。音が強く知覚されるのは、強さだけではなくピッチの急激な変動にも起因している。

　持続時間は、物理的な音の長さであり、ミリ秒（ms）で測定される。実際の音の長さは、サウンド・スペクトログラフ（音の成分周波数をグラフに変換する分析装置）によって、言語音が物理的に切れ目のない音声の連続体であることが確認できる。

　このように、発話内容を正確に伝えるためには、音の高さや低さ、音の強さや弱さ、音の長さを、適切に発音できる必要があるのである。

　イントネーションの高低変化を図で表すと、下に示す波のように、高い音や低い音が連続して変化している。

　また、この連続した音声の中には、前節の文アクセントで扱われたように、強い音●と弱い音●が含まれており、さらには話者が最も伝えたい情報の部分には強調されている音★がある。イントネーションの変化と組み合わせてみると、次の図のようになる。

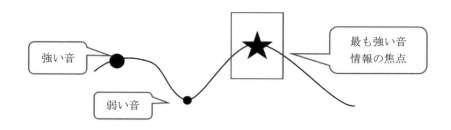

　上図の★は、文の中で最も重要な情報である部分であるが、イントネーションの変化の上では
そこを音調核と呼ぶ。一般的には、文の最後の内容語のアクセント位置が音調核となる。この部
分は、連続した音声の中で最も卓立した音節であり、情報の焦点となる。音調核は情報の焦点で
あるため、イントネーションはそこを中心として大きく変化することとなる。

　イントネーションには、話者の心情態度を表す機能の他、句や節の切れ目を表したり、平叙文
や疑問文などの違いを表したりする文法的な機能もある。以下、英語に顕著に見られるイント
ネーションの型を示す。

2. 英語におけるイントネーションの型
　既述のように、文全体での音調変化には、発話態度、発話意図、感情、特性などの言語情報が
含まれるため、発音の仕方を誤ると、異なった情報を相手に伝えることとなる。英語のイント
ネーションは、3つの型に大別される。だんだんと下げる調子の「下降調」(fall)、だんだんと上
げる調子の「上昇調」(rise)、下げてから上げる「下降上昇調」(fall-rise/dip) がある。例えば、
"Yes."の場合、次のような意味の違いがある。

　また、"Thank you."を下降調で発音する場合は、心から感謝の意を示す。上昇調は、型通りの
謝辞を示す。下降上昇調は、話に含みがある。相手に本当に感謝するときには、下降調で言わな

いと相手に伝わらないこととなる。

（感謝）　　　　　　　　　　（事務的な感謝）　　　　　　　　（含みのある感謝）

　さらに、"Excuse me." の場合、3種類のイントネーション型によって、次のような違いがある。上昇調で発音した場合は「聞き返し」や「問いかけ」の意味を示し、下降調で発音した場合は「謝罪」の意味を示す。そして、下降上昇調の場合は「呼び止め」の意味を示す。

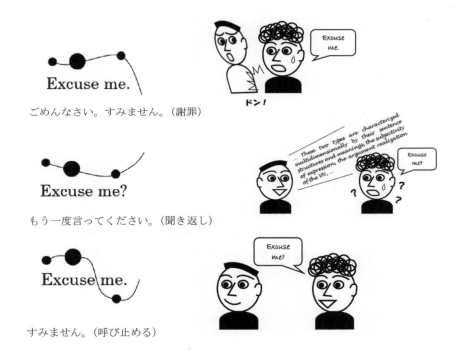

ごめんなさい。すみません。（謝罪）

もう一度言ってください。（聞き返し）

すみません。（呼び止める）

　外国語学習者が「謝罪」の場面において下降調を誤って上昇調で発音した場合であっても、英語母語話者はそれを発音の誤りとは気付かないことが多い。相手を不快にさせないためにも、正しい発音を心掛けなければならない。
　次に、疑問文のイントネーション型を確認する。

3. 疑問文などのイントネーション

　日本人英語学習者は、疑問文は全て上昇調で発音しようとする者も多い。Yes–No疑問文は上昇調でよいが、whatやhowなどの疑問詞を用いた疑問文は基本的には下降調を用いるのが正しいとされる。

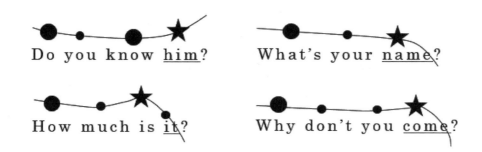

また、付加疑問文の場合、断定する時は下降調、不確定の時は上昇調で発音する。

雨が降っていますよね？
（ほら、ご覧の通り）

雨が降っていますよね？
（私にはみえないし、確信はないが…）

他にも、"Oh!" "Wow!" "Great!"のような感嘆文や、"Do it."のような命令文は、下降調で発音する。

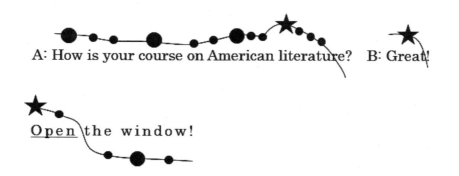

会話文にも音調核の位置や音調が生じる。例を一つ挙げる。

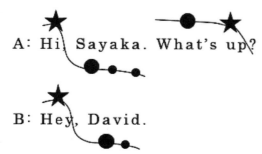

イントネーションは話者の意図や感情を示すため、重要な役割を果たす。英語のイントネーションでの上昇や下降は、日本語の高低変化よりも変化の幅が広い。そのため、発話場面に適した発音を練習するためには、イントネーション表記を見ながら何度も音声を聞き、意識的に大袈裟に発音するくらいが丁度よい。

コラム⑩　イントネーションの類型

O'Connor & Arnold (1973) は、7種類のピッチ型を示している。Wells (2006) は、この7つの分類について、教育的な観点から下降調（高下降調・低下降調・上昇下降調）と非下降調（高上昇調・低上昇調・中平坦調・下降上昇調）の2つに統合した。下降調と非下降調は、それぞれにある程度共通した意味合いを持つ。但し、下降上昇調については、上昇調とは別に説明されている。本書においては、Wells (2006) を踏襲し、下降調・上昇調・下降上昇調の3分類を用いた。

	O'Connor & Arnold (1973)	Wells (2006)
下降調	低下降調（Low Fall） 高下降調（High Fall） 上昇下降調（Rise Fall）	下降調
非下降調	低上昇調（Low Rise） 高上昇調（High Rise） 中平坦調（Mid Level）	上昇調
	下降上昇調（Fall Rise）	下降上昇調

【参考】　O'Connor, Joseph D. & Gordon F. Arnold (1973) *Intonation of Colloquial English: A Practical Handbook*. 2nd ed. London: Longman.／Wells, John C. (2006) *English Intonation: An Introduction*. Cambridge: Cambridge UP.

---

4. 日本語のイントネーション

日本語においても、英語と同様にイントネーションは話者の意図や感情を示す。情報の焦点となる音調核が最も卓立した音節・モーラとなり、そこを中心として音調の動きが生じることも、基本的には同じである。日本語では、文末の表現に話者の発話態度、発話意図、感情などの言語

情報が含まれるため、一般的に文末に現れる音の高低変化が重要である。

　アクセントの節でも述べたように、日本語では複数のアクセント句が結合され、相互に影響し合うことによって文全体の音調が形成される。日本語のアクセントは高低アクセント（pitch accent）であるため、イントネーションと合わせて音の高低変化が起こるのである。

　日本語のイントネーションの型には3種類あり、上昇調・下降調・平坦調という。上昇調・下降調には、次のようなバリエーションがあり、それぞれの意味合いを示す。例えば「早く。」を、下降調で発音すると「言い切り」の文に、緩やかな上昇調で発音すると「疑問」の文に、急な上昇調で発音すると「情的な態度」（この場合、相手を急かす気持ち）を示す文となる。また、以下の「そうか。」の場合、例示したようなイントネーションが可能であり、それぞれに対応してニュアンスが異なる。

　　《「そうか。」の色々なイントネーション型》
　　　　そうか。　　　　　（「そ」から自然下降。単なる納得）
　　　　そうか。　　　　　（「か」で急激に上昇。疑念）
　　　　そうかぁ。　　　　（「か」で下降し、「ぁ」で少し上昇。強い疑念）

　下降調には急に下降させるものもあり、「ああ、それね。」の「ああ」や、「なるほど。」のような感嘆の表現に多く用いられる。また、「予定があるわ。」の場合のように、上昇調が女性的であり、下降調が性中立的であるというように、イントネーションがジェンダー的意味に影響を与えている例もある。

　平坦調は、ピッチがほぼ平坦のまま、母音をやや強く長く伸ばした言い方となり、事務的な報告や命令に使用される。例えば、「こんにちは。」「ありがとうございます。」などの挨拶表現や「やって。」「開けて。」「どいて。」などの命令・依頼の表現にも使用される。

　このような文末でピッチ変化するイントネーションの他に、文中のアクセント型によって起こるピッチの下降現象があり、「ダウンステップ」と呼ばれる。アクセント核によってピッチの下降が生じた後、その影響が後続部分に及ぶのである。

　　　高知にある大学　　（構造：［高知にある］大学）「ある」がダウンステップを受ける
　　　高知のある大学　　（構造：高知の［ある大学］）　ダウンステップを受けない

　　　甘い芋をたくさん食べた。　（「甘い」は平板型）　ダウンステップは受けない
　　　旨い芋をたくさん食べた。　（「旨い」は中高型）「芋を」がダウンステップを受ける

第 4 章
音響音声学

　ここまでの章では、主に音声がどのように産出されるかという側面から見てきた。本章の音響音声学では、産出された後に空気振動として伝わる音声の物理的な性質を扱う。実際の音声について、音声分析器から得られたデータを示しながら、様々な音響現象と声帯振動の関連を見ていく。

第 1 節　基本周波数とフォルマント周波数

　音声における基本周波数とは、声帯の周期的な振動の速さを指す。そして、声帯の開閉を表現する単位としてヘルツ（Hz）が使用される。例えば、1秒間に100回開閉する場合、基本周波数（fundamental frequency, F_0）は100 Hzとなる。基本周波数とイントネーション上のピッチとは、異なった概念である。これは、物理的な振動数（物理量）と知覚される音（心理量）が一致するとは限らないからである。例えば、ある2つの音について基本周波数が2倍であっても、ピッチが2倍高く聞こえるわけではない。このように、基本周波数は声帯振動数の速さを表す物理的特性に過ぎない。

　声帯振動で作られた音は、声道の形状で色付け（フィルター処理）されることにより、様々な母音として発音されるが、その声道の形状は舌や唇を動かすことで決定される。共鳴が起こることにより、様々な調音の構えが結果として特徴的なフォルマントを生む。

　肺から送り出される呼気による空気の流れは、声帯の開閉によって音声の基となる喉頭原音（primary laryngeal tone）が作られる。つまり、声帯が開くことにより空気の流れが肺から押し出され、声帯が閉じることにより空気の流れが止まるのである。人が音声を産出する際、この声帯の開閉運動を1秒間に何度も繰り返すことで、多くの空気の塊を送り出している。呼気が通る声道は、喉頭より上部に位置し、喉頭原音が通る間に特定の周波数の振幅を増大させる。この固有の振動数に応じて幾つかの山（音声波形のスペクトル）を作り出す。声道の共鳴をフォルマント（formant）、共鳴して増幅された振動数をフォルマント周波数（formant frequency）という。また、喉頭原音の高さは基本周波数と呼ばれ、声の高さを表す（F_0と略される）。声道の形が変われば、特有のフォルマント周波数の組み合わせが生ずる。

　一般的に、男性は声が低く、女性や子どもの声は高くなる。最も低いフォルマント周波数は第1フォルマント（F_1）、次に高いフォルマント周波数は第2フォルマント（F_2）、その次に高い振

動数は第3フォルマント（F_3）、第4フォルマント（F_4）、などと呼ばれる。フォルマント周波数の中でも、特にF_1とF_2が母音の知覚に最も影響を与える。母音の知覚については、次章も参照のこと。

第2節　音響的特性と音声波形

　音声は時間とともに変化し、時間的な変化によって情報が伝えられる。どのような音も、部分音（partial tone）という純音（pure tone）成分に分解することができ、その部分音の周波数（frequency）と音圧（pressure）の関係を表すスペクトル（spectrum）として観測できる。このような音のスペクトルを観測するためには、比較的短い時間を取り出して、次々にスペクトルを求める。そして、その時間遷移を観測することにより、サウンド・スペクトログラム（spectrogram）を描くことができる。サウンド・スペクトログラムからは、基音（fundamental tone）と倍音（overtone）の周波数変化が観測できる。また、この周波数変化は、音素、モーラ、音節などの比較的小さな単位の特性だけでなく、声の高さ（抑揚）やアクセント、イントネーション、ポーズなどのプロソディーの特性を観測するのにも適している。様々な音を波形として観測すると、純音や母音のように周期を持つ波形、部分的には周期的であるものの短時間で終わる波形、雑音のように周期を持たない波形、子音の中でも破裂音のように短時間で減衰する波形など、多様である。本節では、これらの音声波形について、分節音からプロソディーまで順を追って見ていく。

1. 母音
　母音は、基本的には声帯振動を音源とし、極端な狭めのない声道での共鳴により音色が決まる。子音と比べ、音響的なエネルギーが大きく、聞こえ度も高い。フォルマント周波数に関しては、低次のF_1及びF_2は母音の種類に応じて異なり、音韻情報を伝達する上で重要な要素である。また、高次のフォルマント周波数は個人性に関係している。実際に母音の調音パターンを音声波形で表示すると、以下のようになる。

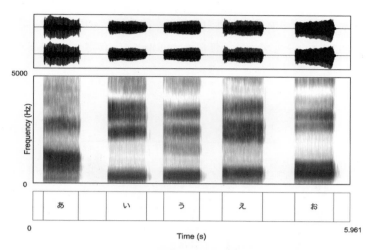

図1　日本語の母音[a][i][ɯ][e][o]

　日本語の母音は、有声母音として発話される場合と、無声母音として発話される場合とがある。特に狭母音[i]と[ɯ]は前後の無声子音に挟まれると、ほとんど規則的に無声化が起こり、音声波形においても観測できる。

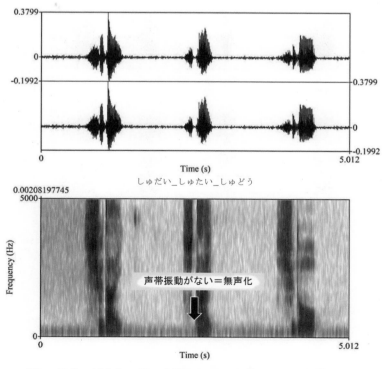

図2　母音の無声化の例　主題[ɕɯdai]　主体[ɕɯtai]　主導[ɕɯdoː]

　英語の母音は、日本語の母音よりも種類が多く、方言によっても音色が異なる。フォルマント周波数はF_1とF_2に違いが観測される。以下のように、前舌母音では[iː][ɪ][ɛ][æ]の順にF_1が高くなり、F_2は高いままである。そして、後舌母音では[uː][ʊ][ʌ][ɑː]の順にF_1が高くなり、F_2は低いままであることが分かる。

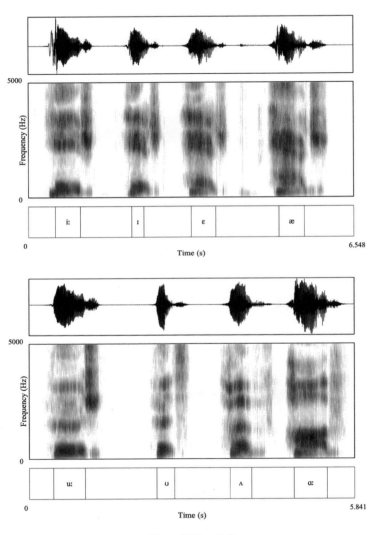

図3　英語の母音

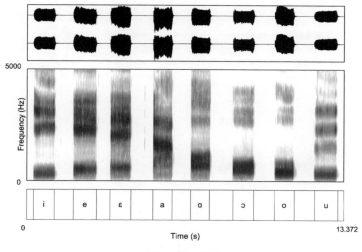

図4 基本母音

また、F_1を縦軸に、F_2を横軸に取り、英語と日本語の母音の音響分析によるフォルマント値をプロットすると、以下のようになる。

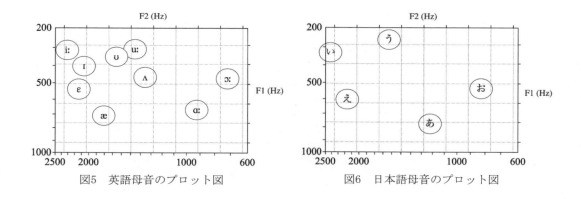

図5 英語母音のプロット図　　　　図6 日本語母音のプロット図

これらのプロット図を見ると、舌を前方に押し上げて調音される高前舌母音[i:]は、F_1が低く、F_2が高い位置にある。逆に、舌を後方に引き下げて調音される低後舌母音[ɑ:]は、F_1が高く、F_2が低い。硬口蓋と軟口蓋の境界付近に舌を持ち上げ、唇を狭めて調音される高後舌母音[u:]は、F_1もF_2も低くなる。日本語の母音でも、同様の傾向が見られる。

フォルマント周波数の違いを性別と年齢で比較すると、男性よりも女性が高く、成人よりも子どもが高い。これは、声道の長さと関係があり、成人男性は声道が長いことからフォルマント周波数が低くなり、女性は比べて短いので高くなる。子どもは、さらに声道が短いため、周波数も2倍ほど高くなる傾向がある。乳幼児期は声道が短いため、フォルマント周波数が高くなるが、発声器官が発達途上であることから、フォルマント成分も不明瞭となる。

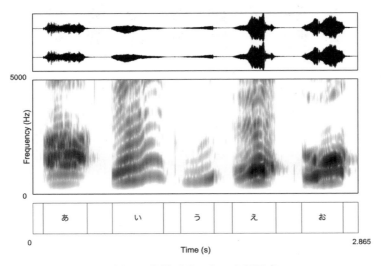

図7　1歳児が発した日本語母音

　このように、声道の形状や喉頭から唇までの長さなどの発達的な変化や、性差などによって、フォルマント周波数に差異が生じる。年齢が高くなるにつれて、喉頭が下がることにより声道が長くなり、フォルマント周波数が低下する現象も知られている。

2. 子音

　子音の音響的特徴は、調音する際の特徴と同様、声帯振動の有無、調音位置、調音方法に着目すると理解しやすい。

　破裂音（plosive）・閉鎖音（stop）は、声道のどこかで一時的な閉鎖を作って口腔内の気圧を上げた後に、その閉鎖を急激に開放して破裂性の音を発する。実際には、内破など、様々な要因により、観測できないこともある。有声破裂音の有声性に関しては、英語の場合、気流の閉鎖が開放されるのと同じタイミングで声帯振動が始まる。これに対し、無声破裂音の場合は、閉鎖の開放よりも声帯振動の開始が遅れる。破裂の瞬間から後続母音の声帯振動が始まるまでの、このような時間的間隔を有声開始時間（voice onset time, VOT）と呼ぶ。このようなタイミングの差異は、音響分析により確認することができる。例えば、無声破裂音 [p] と有声破裂音 [b] について分析すると、次のような音響的特徴が観測される。

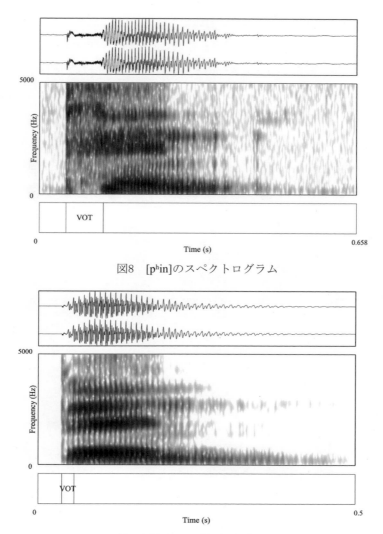

図8　[pʰin]のスペクトログラム

図9　[bin]のスペクトログラム

　これらのスペクトログラムでは、声道の閉鎖、閉鎖の持続、そして閉鎖の開放と破裂の生成、さらに後続母音への移行が、調音の際と対応する形で音響的特性として観察できる。また、[p]と[b]を比較すると、音響的な特徴として、無声音の時はVOTが長く、有声音の時は短くなっていることが分かる。後続する母音に移行する間のフォルマント周波数の変化（フォルマント遷移）は、有声破裂音では明瞭である一方、無声破裂音ではVOTが長い分、観測し難くなる。このように、有声と無声の対比は、音響的にも明らかである。

　摩擦音（fricative）は、声道を一時的に狭めながら、声門を開けて強い呼気を送り、空気が摩擦するような音が生成される。摩擦音のスペクトログラムは、持続的な空気の流れにより、雑音のような形状を為す。有声摩擦音よりも、無声摩擦音の方が、摩擦のエネルギーが大きく、声帯振動の持続時間も長い傾向にある。（但し、日本語の有声摩擦音の音素は、調音上は破擦音とな

る場合が多く、その様子は音響分析の波形においても観測される。)

　日英両語の摩擦音について、狭めが形成される調音点を前から順に見ていくと、両唇音 [ɸ]、唇歯音 [f][v]、歯音 [θ][ð]、歯茎音 [s][z]、後部歯茎音 [ʃ][ʒ]、歯茎硬口蓋音 [ɕ][ʑ]、硬口蓋音 [ç]、声門音 [h] となる。狭めが生じている間の長さも、摩擦音の特性の一つである。また、摩擦音の前後の母音とのフォルマント遷移パターンは調音点によって異なる。

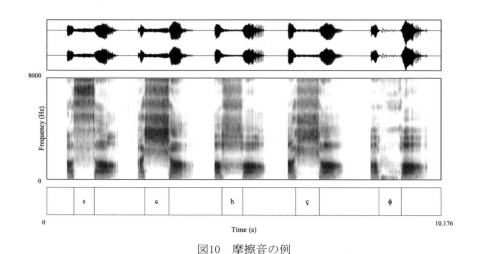

図10　摩擦音の例

　破擦音は、声道内で一時的に閉鎖を作った後、閉鎖を開放する際に摩擦を伴う音で、音響的にも破裂と摩擦の成分が連続して観測される。日本語の破擦音 [tɕ][dʑ] は、タ行の「つ」「ち」や「ちゃ・ちゅ・ちょ」、ザ行の「ず」「ぜ」や「じゃ・じゅ・じょ」で使われ、語頭の「ざ」「ぜ」「ぞ」にも出現する。英語の破擦音は、[ts][dz] が名詞の複数語尾や動詞の三人称単数現在形語尾として出現するほか、[ʧ][ʤ] は多くの語で出現する。

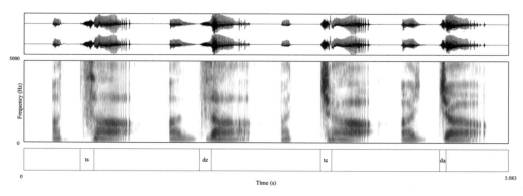

図11　破擦音の例

　鼻音（nasal）は、口蓋帆を下げて鼻腔を共鳴させる音であり、口腔内で閉鎖を作る場所により音色が変化する。鼻音の音響的特徴は、声門から咽頭、口腔、鼻腔の形状に左右される。鼻音

の主要な共鳴腔は咽頭（pharynx）と鼻腔（nasal cavity）であり、鼻腔とつながる副鼻腔（para-nasal sinuses）で音が吸収され、鼻孔（nostrils）から放出される。音響エネルギーは低い周波数帯に集中する。

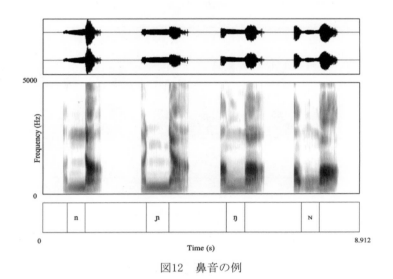

図12　鼻音の例

　流音（liquid）は、日本語のラ行 [ɾ]、ヤ行 [j]、ワ行 [w] に現れる音や、英語の [l] や [ɹ] を含む子音群である。いずれの音も、声道内の狭めが少なく、息が流れ続けているため、他の子音と比べ、フォルマント周波数が母音に近い特徴を示す。特に半母音（semivowel）や半子音（semi-consonant）などとも呼ばれる [j][w] は、調音特性が類似した [i][ɪ] や [u][ʊ] に見られるようなフォルマント成分を有する。

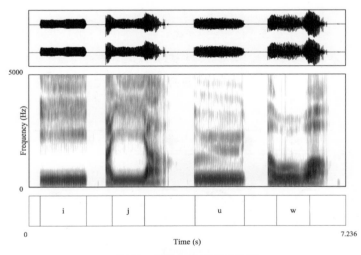

図13　母音と半母音の比較

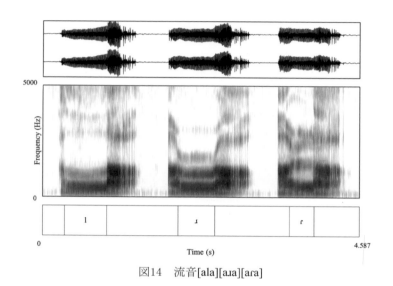

図14　流音[ala][aɹa][aɾa]

　英語の側面音[l]と接近音[ɹ]、そして日本語の弾き音[ɾ]を比較すると、それぞれF_1とF_2に違い が観察される。F_1を見ると、[ɹ]と[ɾ]は周波数が下がり、振幅も下降する。F_2に関して、[ɾ]は周 波数が上昇している。[ɾ]は、語頭では破裂音[d]や側面接近音[l]、母音に挟まれた場合には接近 音[ɹ]や側面接近音[l]などとして発音されることもあり、隣接する音の影響を受けやすいことが 特徴である。

3. アクセント

　アクセント（accent）は、語中に現れる音の強弱・高低・長短を表す。強く、高く、長く発音 される部分がアクセントとなる。

　日本語では、「雨」と「飴」のように、ピッチの高低の変化により語を辨別する高低アクセン トである。標準語（東京方言）では、アクセント核のあるモーラの後にピッチの下降が生じる。 アクセントにおけるピッチの下降は、基本周波数F_0の変化として計測できる。

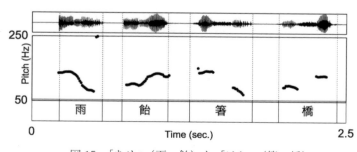

図15　「あめ」（雨、飴）と「はし」（箸、橋）

　一方、英語は強弱によるアクセントである。第一強勢と第二強勢の違いで意味が変わる（以下の図を参照）。強勢とピッチ変化を見ると、強勢がある部分（振幅の大きい部分）でピッチも高くなる傾向が観察できる。

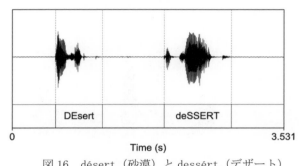

図 16　désert（砂漠）と dessért（デザート）

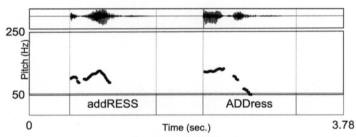

図 17　addréss（動詞）と áddress（名詞）

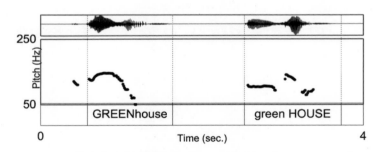

図 18　複合語の例（温室 gréenhouse と緑の家 green hóuse）

4. イントネーション

　イントネーション（intonation）は、語よりも大きな単位（句、節、文）で起こるピッチ変化である。ここでは、英語におけるイントネーションの3つの型（上昇調・下降調・下降上昇調）の音響的特徴を見る。音響分析を行う機器やソフトウェアは多くあるが、ここではピッチ変化が視覚的に分かりやすいものを用いた波形図を示す。なお、音声波形の縦軸は基本周波数（Hz）、横軸は時間（ms）、振幅の大きさが音の強さ（dB）を示している。

英語母語話者が発話した上昇調の波形は、以下のようになる。

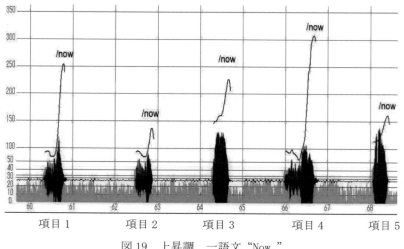

図 19　上昇調　一語文 "Now."

　上昇調の中には、一語文内で低いピッチから中間のピッチへ上昇する項目2の低上昇調（low rise）や、一語文内で中間のピッチから高いピッチへ上昇する項目3の高上昇調（high rise）などがあり、同じ "Now." であってもピッチ変化の幅の違いが意味の違いとして表れる。実際にこれらの音声を英語母語話者が聞き、どのように意味を判断するのかを調査した結果から、これらの様々なピッチパターンは疑問や驚き、恐怖など、意味を区別して判断されていることが分かっている。上昇調の心的態度には、低上昇調では明確な態度を避け、非攻撃的で打ち解けた友好的な雰囲気を出したり、叮嚀さや説得力を持たせたりする。対して、高上昇調は明確な感情を伴い、疑いや困惑、驚きなどの意味が含まれる。

　また、下降調では、以下のようなピッチ変化が見られる。

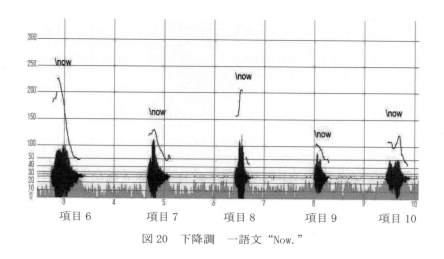

図 20　下降調　一語文 "Now."

下降調では、一語文内で中間のピッチから非常に低いピッチへ下降する、項目7・9・10の低下降調（low fall）や、一語文内で高いピッチから非常に低いピッチへと急激に下降する、項目6・8の高下降調（high fall）がある。上昇調で行ったものと同様の調査で、ピッチの変化幅の違いによって、事務的な陳述、命令や要求など、意味の区別がされることが分かっている。

音声波形図から見て分かる通り、上昇調や下降調と言っても、詳細に観察するとピッチ変化にはバリエーションがあり、様々な音域内で高低幅が存在する。実際の音声では、このピッチの違いが話者の伝えたい情報であり、聞き取るべき情報となる。

下降上昇調の示す心的態度には、警告、修正反論、対比、躊躇、叮嚀、明言回避などがある。以下は、下降上昇調で"Nearly."という一語文を発したときの波形である。

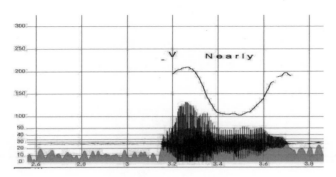

図21　下降上昇調　一語文"Nearly."

下降上昇調は、一語文の最初の位置ではピッチが高く、そこからだんだんと下降し、その後、今度はだんだんと上昇していく音調であることが観測できる。この音調は、主に含意的な意味を表すが、英語母語話者はその中でも微妙な意味の違い（疑わしい、慰め、未完了など）を判断していることが分かっている。この型は、下降と上昇の2つの組み合わせによる複合音調であり、日本人英語学習者にとっては普段耳にしておらず、発話もしていないことから、知覚も産出も困難である。

次に、複数の語からなる文におけるイントネーションの例を示す。音声は、中学校認定教科書 *New Horizon*（教育出版社、1984）の補助音源からの抜萃で、『蜘蛛の糸』の一節である。主人公カンダタの切なる気持ちが、文末での大きなピッチ変化として、音声的にもよく表れている。

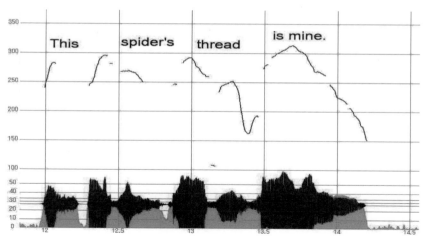

図22　複数語文におけるピッチ変化の例

　この文では、音調核は下降調を示し、高い位置から低い位置へとピッチ変化している。高い位置から下降するため、その前には準備段階として、ピッチが上昇していく様子も観測できる。英語のイントネーションは、日本語と比較するとピッチ変化の幅が大きく、発話意図や態度の他、構文構造や強調にかかわる情報も伝達していることが視覚的にも分かる。

コラム⑪　共鳴音と阻害音

　分節音の分類として、本書では、調音位置や調音方法などによる分類（両唇音、歯茎音、破裂音、摩擦音など）を提示した。もちろん、他の観点からの分類も可能であり、そのうちの1つとして、気流の妨害度にもとづく「阻害音（obstruent）vs. 共鳴音（sonorant）」の分類がある。阻害音は、声道の狭めや閉鎖による気流妨害を起こして作る音である。破裂音、破擦音、摩擦音などの子音がここに分類される。共鳴音は、気流の妨害が小さく、声道内で共鳴する音である。母音の他、鼻音、接近音、弾き音などの子音がここに分類される。

　阻害音・共鳴音という分類の有用性は、例えば、聞こえ度による特徴付けをする際に、「母音、鼻音、接近音、弾き音などは聞こえ度が高く、一方で…」のように個別の音の列挙に留まるのではなく、「共鳴音は聞こえ度が高く、一方で阻害音は低い」のように一般的な説明が可能となる点にある。他に、聴者に与えるイメージの相違を説明する際にも、阻害音・共鳴音の分類は有用である。

コラム⑫　ネーミングの言語学

　ここに3体の生物がいる。丸めの2体には *mii*、*maa* という名前をつけたい。どちらを *mii*、どちらを *maa* と呼ぼうか。多くの人は、小さい方を *mii*、大きい方を *maa* と呼ぶことに「しっくりくる」のではないだろうか。この「しっくりくる」感覚には、音があるイメージを喚起するという「音象徴」が関わっている。[a]は「大」のイメージを、[i]は「小」のイメージを喚起する音象徴があるといわれている。そのため、*mii* が小さい生物の名前で、*maa* が大きい生物の名前であるのがふさわしいと感じるだろう。では、右端の生物は何と呼ぼうか。*pepe* か、*nene* か、*rere* か。いや *gege* や *zeze*、*bebe* の方がしっくりくる。[g]、[z]、[b]はどんな音で、どのような音象徴をもつといえるだろうか。

　このような音と、イメージとの結びつきを意識しながら、マンガや小説、ゲームのキャラクターに対するネーミングの動機を探ることも立派な言語研究である。

本章で使用した音声機器（ソフトウェア）

Boersma, Paul & David Weenink (2019) Praat: Doing Phonetics by Computer [Computer program]. Version 6.1.07, retrieved 26 November 2019 from http://www.praat.org/

Martin, Philippe (1996) «WinPitch: Un logiciel d'analyse temps réel de la fréquence fondamentale fonctionnant sous Windows», Actes des XXIV Journées d'Etude sur la Parole, Avignon, mai 1996, pp. 224–227.

第5章
知覚（聴覚）音声学

第1節　音響から知覚へ

　知覚（聴覚）音声学の領域は、話者により調音され、空気振動によって音響的に伝わった音声を、聴取者がどのようにして認識・知覚しているかを扱う。本章では、その仕組みと特徴を概観する。

1. 聴覚器官の構造

　人間の音声を理解する上で重要なことは、頭の中で音声の産出過程と知覚過程が関連し合いながら組み立てられるということである。この事実から、言語として様々な音が無作為に選択されているのではなく、聞き取りやすい音が音素として選択されているという可能性が想像できる。例えば、容易に発音できる音であっても、聞き取りにくい音であれば、実際には音素になり得ないのである。人は自分の発する声を聞くために話しているのではなく、聴取者に何らかの情報を伝達するために話しているのであるから、音声産出と音声知覚の関係を常に考えていくことは重要である。とはいえ、産出された音声が物理的に存在するのは一瞬のことであり、その音声から瞬時に意味を取り出さなくては、理解される前に消えてしまう。この空気中にあって見えない「音声」がどのようにして知覚されるか、客観的に（目に見える形で）明示されることは少ない。人間の耳や脳の働きについて観察することは難しく、産出された音声情報の内容が理解されているか否かは、聴取者の顔の表情や仕草などで表れない限り判断できない。まず、人間の聴覚器官でどのように音響信号が処理されているのかを考える。

　人間の耳が外部から入ってくる空気振動をどのようにして脳に伝えるのか、聴覚のメカニズムを理解するためには、聴覚器官（auditory organs）の構造を知る必要がある。ここでは、耳介（一般的に「耳」と言われる部分）から、さらに奥にある蝸牛までの範囲を扱う。耳介は、大きく分けて、外耳（external ear）・中耳（tympanum）・内耳（inner ear）から成る。また、聴覚器官は、音を鼓膜や耳小骨の振動として内耳に伝える伝達系（外耳から内耳に至る範囲）と、その振動を神経上の信号に変換して中枢へと送り出す感覚系（内耳とそこから延びる聴覚神経）とに分類できる。

　まず、音がどこから来ているのかを感知する役割を担うのが耳介（auricle）である。手で耳を押さえたり、イヤホンで塞いだりしていると、外部の音が聞こえにくくなるのが分かるだろう。

耳介から鼓膜までの空間は、外耳道（ear canal）と呼ばれ、ここで音が共鳴してエネルギーが増幅される。そして、その増幅された空気振動を受けて、鼓膜（eardrum）が振動するのである。鼓膜の奥の中耳は、外耳と内耳を繋ぐ役割を果たす。中耳には耳小骨（ossicles）があり、鼓膜から槌骨（malleus）、砧骨（incus）を通り、鐙骨（stapes）と内耳が触れあうことにより、外部から振動してきた音を集約し、内耳へと伝えている。内耳にはカタツムリのような形状の蝸牛（cochlea）や三半規管（semicircular canals）がある。中耳から振動が伝わり、蝸牛の内部にあるコルチ器官（organ of Corti）の中で振動が電気信号へと変換され、情報が脳へと送られるのである。耳の機能としては、基本的な音響的情報を受け取り、簡易な音声分析を行うことである。その後、聞こえてきた音声をどのように解釈し、個別の言語体系と結びつけるのは、脳の働きである。

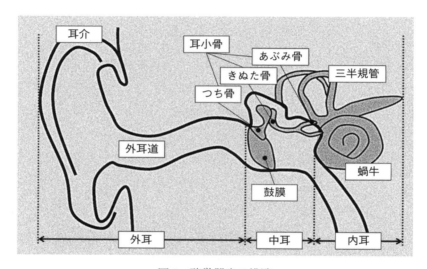

図1　聴覚器官の構造

　ここでは、脳がどのように情報処理をしているかについては省略するが、いずれにしても、話者によって産出されたフォルマント周波数は空気を介して聴取者の耳に到達し、聴覚器官内でそのフォルマント周波数に敏感な神経細胞が反応して、その周波数帯域の音が存在しているという情報が脳に伝達されるのである。

2. 母音の正規化

　人間は、フォルマント周波数（formant frequency）の違いによって、様々な母音を辨別する能力が耳に備わっている。それぞれの母音は、フォルマント周波数によって特徴づけられており、それは舌の位置、唇の丸め、口の開き具合、声帯の長さと関係が深い。

　話者の声道（vocal tract）の長さが同じ場合、母音の音を一度耳で聞いて周波数分析すること

で、脳はそのフォルマント周波数と特定の母音を結びつけることができ、一種の対照表のようなものが作られると考えられる。しかし、実際には、声帯の長さや質量、声道の長さなど、話者の発声器官は個々に異なっている。

　成人と子どもとでは、頭の大きさや声道の長さが異なるため、産出される母音の音に違いが生ずる。前章で見た通り、その違いはフォルマント周波数にも現れる。一般的に、子どもは共鳴腔（resonal cavity）が小さいため、フォルマントの周波数は高くなる。さらに、男性と女性においても違いがある。女性の声帯は、一般的に男性よりも短く、質量が小さいため、基本周波数は高い傾向にある。例えば、様々な年齢の男女における日本語の母音「あ」の発音についてフォルマントの違いを図示すると以下のようになり、音響的に大きく異なる。

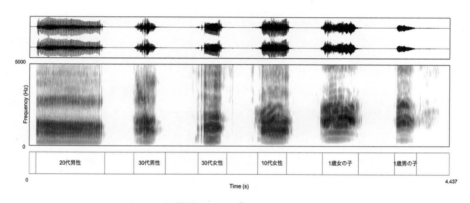

図2　年齢差による「あ」のフォルマント

　図2では、フォルマントがそれぞれ異なる位置にある。しかし、人が実際に耳で判断する際には、どの「あ」であっても「あ」と認識される。したがって、音響分析によるフォルマントの違いだけでは、音の辨別はできないのである。このように、物理量が異なっていても知覚上同じ母音として認識することを、母音の正規化（normalisation）という。音響的な差異が生じても、母音を辨別する能力が乳児においても確認されていることから、母音の正規化は生得的な能力であると考えられる。

第2節　人間の音声知覚の特徴

　音声を知覚する際には、言語情報や視覚・触覚など他の感覚からも情報を得ながら、判断を行う。ここでは、そのように相互に影響し合う知覚の特徴を見ることにする。

1. カテゴリー知覚

　我々が複数の刺激音を聞き、それらの音の差異について辨別できる数と、それらの音がどの音

かを同定できる数とは異なる。例えば、ある音楽を聴いて、その音の高さの微妙な違いを辨別できたとしても、その音の高さを特定の音符として同定することは、専門的な音楽の訓練を受けていない限り困難である。辨別しようとしている2つの音が実際に認識される前に、各音のカテゴリーが先行して知覚される現象をカテゴリー知覚（categorical perception）という。

　調音位置の変化に対するカテゴリー知覚の例として、/b/から/d/、/g/へと徐々に音響特性が変化する連続体を知覚する際、聞き手がこれらの音素について/b/から徐々に/d/、そして/g/へと違いを知覚するのではなく、ある範囲までは「同じ」あるいは「類似した」音として知覚され、ある時点で突然/d/が/g/と知覚されるようになることが挙げられる。

　子音がカテゴリー的に知覚されるのに対して、母音は連続的に知覚される。これは、子音と母音とでは調音法が違うことから、音響的な特徴によるものではなく、聞き手がその言語音を作り出す時の調音法に照らし合わせて確認することにより生じる（調音参照説）。

　カテゴリー知覚が音声言語において有利な点は、音の辨別には重要でないカテゴリー内の音の僅かな差異を無視し、母語の音素体系に基づき、その音がどの言語音かを素早く認識できることである。人は乳児のうちは言語的な差異を持たず、両親のことばや環境、社会が作る言語環境の中で成長するうちに、それらの影響を受けて特定の音韻カテゴリーのみを区別するようになる。そして、母語にない音韻カテゴリーは、次第に使われなくなっていくのである。そのため、母語に存在しない音（例えば、日本人の場合は、英語の[l][ɹ]や[f][v]など）を知覚することや産出することが困難となる。

　また、同じ音素であっても、人が実際に発する音声は多種多様であり、カテゴリー知覚はこの多様性を処理する手段として、音声をリアルタイムで処理することを可能にする。通常、我々は非常に速い速度で情報を伝えられ、その大量の情報を処理しているのだが、言語音に対してスムーズに処理が行えるのは、カテゴリー知覚によって音素の同定に費やす多くの処理が回避できるからである。このように、音声知覚におけるカテゴリー知覚は、言語音知覚とそれ以外の音の知覚を区別する重要な区別であり、言語を操る人類の発達した知覚メカニズムの1つなのである。

2. 文脈効果

　言語処理には、句や文が個々の語の総和として理解されるという側面がある一方で、句や文という大きな単位の中で語が理解されるという側面もある。例えば、「日和（びより）」を「びょり」とくずして発音するとして、これは「今朝は雲ひとつない晴天で、お散歩日和だ」のような文の中では聞き取りができるが、単独で「びょり」だけが再生されても正確に聞き取ることが難しい。このように、文脈の有無によって聞き取り方に影響することを文脈効果（context effect）という。

　我々が日常の中で何かを判断する際、その判断は前後の事柄の影響を大きく受ける。例えば、音の大きさは変わらないのに、大きな音を聞いた後には小さく聞こえることがある。また、優しそうな人が話す場合と、見た目が怖い人が話す場合とでは、同じ内容の言葉であっても叮嚀な印

象や暴力的な印象になる場合もある。このように、視覚刺激によって、音声の聞き取り方に影響を与えることもある。前後の刺激に対して相対的な判断をすることも、文脈効果によるもので、認知に影響を及ぼしている。

　また、会話をする際には、相手の言葉を予測しながら聞いている。人の知覚や認知過程では、外部から聞き取った入力情報について様々な処理が行われる。知覚から認知するまでの間では、音声（phonology）、文法（grammar）、語彙（lexicon）が相互的に補完し合っている。

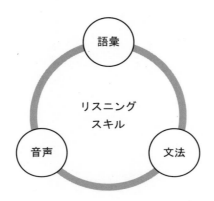

　情報処理では、聞こえてきた音声について、1つずつ部分的な処理を行いながら音韻判断を行い、一定のまとまりとして認知し、その意味を判断するボトムアップ処理（低次レベルから高次レベルに向かっての処理）が行われる。しかし、会話における情報処理では、聞こえてきた音声をひとつひとつ部分的に処理するのではなく、予測したものや知覚した音声情報について色々とデータを検索し、照合しながら知覚したり認知したりしている。音声言語は、書き言葉と比べ、隣接する音の影響による音声の変化や環境による騒音などで聞き間違える可能性が高くなる。さらに、直前に見たものや相手の表情など、視覚情報によっても文脈効果は引き起こされるため、会話では特にトップダウン処理が行われているものと考えられる。

3. マガーク効果

　視覚情報が聴覚情報の知覚や認知に影響する現象は、音声の知覚においても生じる。人が会話する際、話者は口や唇を動かし、聴者はその話している人の口元を見ている。調音動作は、口の周りの頬、顎、咽喉などを含めた顔全体の動きと連動しており、聞き手は聴覚情報だけではなく、視覚情報と合わせて判断することがある。被験者に [ga] と言っている映像を見せながら、[ba] の音声を繰り返し聞かせ、何の音が聞こえたかを問う実験において、[da] という答えがあったという報告がある。これは、聞き手が聴覚と視覚の情報を統合し、視覚情報である軟口蓋音 [ga] と聴覚情報である両唇音 [ba] の中間の位置を占める歯茎音 [da] と知覚したことを表している。つまり、視覚的には唇が近づかない [ga] と [da] が類似しており、聴覚的には [ba] は [ga] よりも [da] に近い

ため、結果的に [da] の音であると判断したことになる。このような視覚と聴覚の関連を示す現象を、発見者の名前を取ってマガーク効果（McGurk effect）という。

　この現象を利用したものとして、テレビCMで音声を聞かせながら動物の口が動く映像を流し、あたかも動物が話しているように見せるものがある。最近では、ソフトバンクのCM「しゃべる犬のお父さん」が思い浮かぶが、この視覚と聴覚を結びつける方法によって、実際に話さないと分かっていても、話しているように思えるのである。

　以上から、人間の近くにおいて、これまでの経験が認知行動では重要な要因となることや、視覚情報が与えられると他の感覚が如何に曖昧なものになるかが分かる。

第6章
様々な表記法

第1節　分節音

　音声を正確に記述する手段としての音声記号（phonetic symbol）は、多くの音声学者がこれまでに様々な記号を用いてきた。本書では、現在、世界で最も広く用いられている国際音声記号（International Phonetic Alphabet, IPA）を用いた。本節では、それ以外の音声記号を概略する。

1. 既存の字母を利用するもの

　既存の字母（alphabet）を基本として用い、不足するものについて、別の字母からの借用や文字の変形によって補う。IPAは、この方式の代表例と言える。IPAには印刷に不便な文字が多い（タイプライターでは確実に打てない、パソコンでも従来のフォントには含まれていない文字）ことから、実際の表記には簡略版を用いることが多い。日本の辞書では、基本的にはIPAを用いつつ、歯茎接近音[ɹ]・反り舌接近音[ɻ]を[r]の記号で代用し、印刷の便を図っている。

　アメリカの言語学者たちは、伝統的に独自の音声記号を用いてきた。IPAとの主な相違点は、軟口蓋接近音に[y]（IPAでは[j]）を用い、後部歯茎音に[š][ž][č][ǰ]（IPAではそれぞれ[ʃ][ʒ][tʃ][dʒ]）を用いることである。前者は英語における音価を採用したもので、後者はタイプライターで打つ際にキーボードにある文字にバックスペースでカロン ˇ を重ねればよかったので便利であった。母音の記号も、既存文字にウムラウト ¨ などを付した、同様にタイプライターで入力可能な記号となっている。但し、アメリカ英語での子音の音価を採用しており、その他の言語を用いる者にはわかりにくい上、UNICODEフォントも充実してきた今、アメリカ以外では用いられていない。

　ロシアの言語学者たちは、キリル字母をベースにした音声記号を使用することがあるが、これについては詳述しない。

2. 新たな記号を創作したもの

　メルヴィル・ベル（Alexander Melville Bell）によって考案され、スウィート（Henry Sweet）によって改良された「視話法」（Visible Speech）が有名である。ベルは、修辞学者として聴覚障碍者への発音教育を研究し、その成果をまとめたのが *Visible Speech: The Science of Universal Alphabetics* (1867, London: Simpkins) である。そこで用いられた記号は、調音器官の動きを表し、世界の言語音を表現できるという点で、単に聴覚障碍者教育のための記号というだけではなかっ

た。音声学者のスウィートは、その記号を改良し、オーガニック（Organic）と呼んで自著の*A Primer of Phonetics* (1892, Oxford: Clarendon Press) に用いた。オーガニックとは、「（音声）器官に基づく」の意味で、ラテン文字に基づくローミック（Romic）との対である。母音の記号は縦棒を基本とした形であり、鉤を上下左右に付して舌の高低・前後を示す。子音を表す記号は、調音方法によって形が決まっており、その向きや変形によって調音位置を区別する。因みに、電話の発明で知られるグラハム・ベル（Alexander Graham Bell）はメルヴィルの次男である。

コラム⑬　無文字言語

　言語にとって、文字よりも音声、書きことばよりも話しことばの方が重要である。音声よりも先に文字が、話しことばよりも先に書きことばが出来た自然言語など、想像しがたい。この重要性はいうまでもないことであるが、ここでは、この重要性を次の事実をもとに再確認しておきたい。

　無文字言語と呼ばれる言語がある。文字をもたない言語、または、文字はあるが、それが社会的に定着しておらず、一般的な通信・記録媒体として機能していない言語のことである。言語学者の梶（2014）は、世界の約6,900の言語のうち、「文字化された言語は、世界におそらく数％しかないのではないか。実際的に世界のほとんどの言語が無文字言語なのである」と述べている。もちろん、多くの人々は文字を身につけているが、それは、学校教育で学ぶ母語以外の言語の文字を身につけているということである。以上の事実をふまえると、言語の記述における音声学の重要性が一層理解できるであろう。

【参考】梶茂樹（2014）「無文字言語」国立民族博物館（編）『世界民族百科事典』（pp. 86–87）. 丸善出版.

第2節　プロソディー

　プロソディー（prosody）は、リズムやアクセント、イントネーションを含む超分節的な要素を総称する概念である。第3章で見た通り、互いに密接に関わり、その一部だけを取って表記することは難しい。プロソディー表記は、文字表記では表現できないプロソディーの情報を視覚的に提示し、音のみで知覚しきれないプロソディーの情報を視覚的に補完する機能を持つ。本書では、英語学習者が視覚的にプロソディーの変化ができるようにするため、音声の再現を考慮した表記法を採用した。ここでは、様々に存在するプロソディー表記法のうち、発音操作に効果のある表記法を紹介する。

1. 英語プロソディー表記の黎明期

　プロソディーを表記するためには、ピッチ・ストレス・持続時間について、音調の向き、音の高低の差、音の強さ、音調核の位置、発音されるタイミングなど、多くの情報を表示する必要が

ある。

　これまでに発案されたプロソディー表記法は、音楽を可視的に表記する記譜法と類似しているものが多い。例えば、ジョーンズ（Daniel Jones）は、*The Pronunciation of English* (1919, Cambridge: Cambridge UP) の中で、五線譜上に音調カーブを描き、その下に発音記号で音と文字の関係を示している。

　ジョーンズは、*An Outline of English Phonetics* (2nd ed., 1922, Leipzig: Teubner) で、上記の五線譜上の音調カーブから、上下2線の間にピッチの高さや低さ、向きを示す表記に改良した。

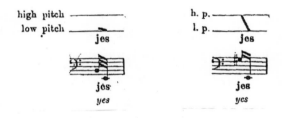

　さらに、同書の9版(1960, Cambridge: Heffer) では、中線を加えて音の高さを上・中・下の3段階に設定し、その3線上にピッチ曲線とストレスを表示するように改めている。

ピッチ変化を読み手が視覚的に捉えやすい表記へと簡略化し、改良されていったことがわかる。
　リズムについては、アレン（W. Stannard Allen）が *Living English Speech: Stress and Intonation Practice for the Foreign Student* (1954, London: Longmans) で音符の長さによって言語音の長さを示している。

以上に見た初期の表記法は、音階のように周波数の尺度で厳密に決定されるものではなく、研究者によって基準が異なる。視覚的な観点からは、楽譜を読むことができない英語学習者にとっては、理解が難しく、適切な補助とはならない。

2. プロソディー表記の構成要素

プロソディー表記には、2つのタイプがある。イントネーション表記とリズム表記である。実際には、これらの表記を組み合わせた、何らかの表記法を採用することになるが、ここでは、それぞれの表記の要素を概略する。

イントネーションを構成する主な要素はピッチである。そのため、イントネーション表記では、ピッチ全体の動きを示すことを重要視する。ピッチ変動の中心部分は、重要な情報を伝える音調核であり、その音調核も適切に表示されなければならない。

リズム表記の構成は、ストレスと時間的な要素であり、これらを結合した形で表記される。ストレスは、言語的には、強勢がある（stressed）とない（unstressed）の2項的な概念とされるが、表記としては強（primary stress）・中（secondary stress/medium stress）・弱（weak stress）の3つに分類されることが多い。表記としては、点「●」の大きさにより示す方法や、アクセント記号により示す方法（強勢位置の母音字に「´」や「`」を付与する。「´」が「強」、「`」が「中」を示し、無表示が「弱」である。）などがある。時間的な推移は、表示の左から右への線形順序により示される。

2音節：強弱	● ・	líttle, wínter, súmmer
2音節：弱強	・ ●	absént（動詞），recéive, betwéen
3音節：弱強弱	・ ● ・	exámine, imágine, anóther
4音節：弱強弱弱	・ ● ・ ・	demócracy, necéssity
5音節：弱中弱強弱	・ ● ・ ● ・	commùnicátion, consìderátion

文アクセントを表示する場合は、イントネーション句の中で他の音節よりも卓立した強勢を表示する必要があり、そこが音調核に相当する。語アクセントを表示する強・中・弱の記号を援用

する場合が多い。なお、本書においては、読者の視認性を高めるため、音調核相当位置に★を導入した。

　文アクセントを表示するに当たり、特に形容詞については、その文法的位置によりアクセントが移動することに注意が必要である。

I'm Japanese.
・　●・●

Japanese people like soy sauce.
●・●　●・●　●　・

　叙述用法と制限用法とでは、アクセント位置が異なるのである。これは、英語が強勢のある音節から次の強勢のある音節までの時間が同じ間隔で生じる強勢リズム（stress-timed rhythm）の言語であることから起こる。リズムを合わせるために強勢移動が生じるのである。英語のリズムは強勢の音声環境において相対的な強さによって形成されており、リズム表記はこのような強勢の大きさを示す役割を果たす。

3. 主な英語プロソディー表記法

　英語プロソディー表記法には、主に「ピッチレベル方式」（pitch-level system）と「音調強勢記号方式」（tonetic stress-mark system）の2つの方式がある。これらは共に、ピッチとストレスを表示しようとした表記である。これらとは別に、音の強弱と長さを重視して表示しようとするリズム表記が併存する。

　ピッチレベル方式は、音の高さを重視した表記法である。これは、ピッチレベル（音の高さの変動域）を基盤としてExtra high（特に高い）・High（高）・Mid（中）・Low（低）の4段階を話し手の相対的な音の高さとして設定して直線で表した方式である。パイク（Kenneth L. Pike, 1945, *The Intonation of American English,* Ann Arbor: U of Michigan P）、フリーズ（Charles C. Fries, 1952, *The Structure of English: An Introduction to the Construction of English Sentences,* New York: Harcourt）、トレガー／スミス（George L. Trager & Henry L. Smith, 1957, *An Outline of English Structure,* Washington, DC: American Council of Learned Societies）などによって採用されている。日本の英語教科書においても、*New Horizon*（教育出版社）などがこの方式の簡略版（3段階表示）を使用している。下図は、島岡丘・佐藤寧による『最新の音声学・音韻論：現代英語を中心に』（1987, 研究社出版）より引用した「ピッチレベル方式」の例である。音調変化の種類、音調核の位置、4段階でのピッチレベルが示されている。

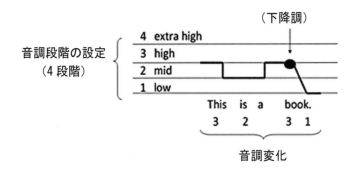

音調強勢記号方式は、外国語学習者のために、ピッチ変化の方向と強勢を同時に表すことを意図して作成された表記法である。この表記法は、下降調、非下降調の調子（tune）全体を基に音調を捉えている。アレン（W. Stannard Allen, 1954, *Living English Speech: Stress and Intonation Practice for the Foreign Student,* London: Longmans）、オコナー／アーノルド（Joseph D. O'Connor & Gordon F. Arnold, 1973, *Intonation of Colloquial English: A Practical Handbook,* 2nd ed., London: Longman）、ウェルズ（John C. Wells, 2006, *English Intonation: An Introduction,* Cambridge: Cambridge UP）などによって採用されているが、研究者によってピッチやストレスの示し方は異なっている。アレンは、ピッチの向きと長さを直線、ストレスをドットで表示している。直線は、発話ピッチの高低とストレスに対応しているため、ピッチの向き、ストレス、持続時間が示されていることになる。

下降調： *You* `DIDn't come in the ,morning, | `did you?

上昇調： *You* `DIDn't come in the ,morning, | ,did you?

下降上昇調： *You* `DIDn't come in the `MORN,ing, | `did you?

オコナーとアーノルドは、基本的な音調の型を7つ設定し、その種類によって心的態度が異なると主張している。表記に関しては、音の高低をピッチ曲線、ストレスをドットで示しており、曲線とドットの組み合わせによってプロソディーの変化を示している。それぞれの音調を1音節、2音節、3音節の例を以て示している。

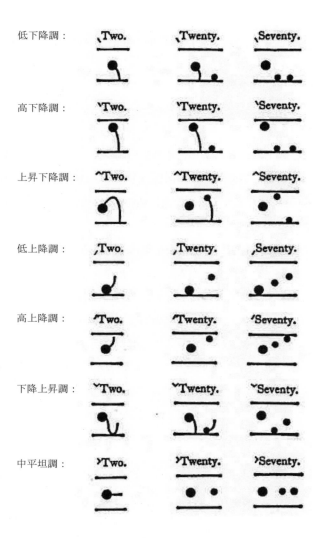

外国語学習者とって、このような7種類の音調型を聞き取り、発音操作することは容易でない。そこで、ウェルズはこの中から厳選し、学習者向きに下降調・上昇調・下降上昇調の3種類を提示している。

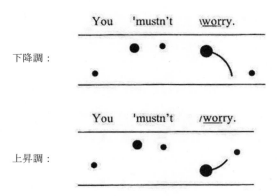

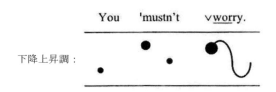

下降上昇調：

　このように、種類を限定したことにより、音調強勢記号方式の中でも英語学習に取り組みやすい表記となった。但し、音節に関して詳細に区切って記述されるため、音の連続性を捉えられない。そこで、本書では、連続したピッチ曲線の上に強勢記号を配置した、改良版を採用するに至ったのである。

　リズム表記は、音の強弱と音の長さの2要素を重視している。英語学習では、音の強弱に特化して発音訓練する時に使用され、強勢音節のところで拍子をとる規則的な間隔で示されている。これは、語・句・文において、ある音節は強く、ある音節は弱く発音されるため強弱の配列により規則的な間隔でリズムが生じる。また、強勢のある音節は持続時間が長く、弱い音節は速く発音される傾向がある。これらを踏まえて、リズムと強勢に関する表記では、ドット「●」の大小や、ダッシュ「―」のよって段階的に示される。強勢の段階は大小と2段階や3段階で示されることが多いが、4本線上または4本線の間にストレス記号を加えることによって、7段階で示すことも可能である。

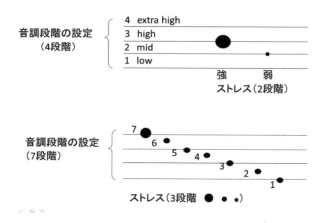

　このように、ストレスを音調段階に付して示すことができる。但し、音調の種類と同様に、英語学習者がストレスを7段階に分けて再現することは困難であると予測されるため、英語教材におけるリズム表記では、2段階や3段階の表示が適していると考えられる。

　上述の様々な表記法の他に、アルファベット文字を動かし、英語プロソディーを視覚的に示したものが考案されている。例えば、ボリンジャー（Dwight Bolinger, 1986, *Intonation and Its*

Parts: Melody in Spoken English, Stanford: Stanford UP）はピッチの形状に着目し、ピッチ変化を文字の動きに対応させた表記法を提案した。

Is thát the best you can do?

Is thát the best you can do?

Is thát the best you can do?

4. 文部科学省検定済教科書におけるプロソディー表記

　日本の学校教育に使用されている教科書や補助教材に記載されている発音に関する表記には、発音の改善に役立っていないという問題がある。*New Horizon*（東京書籍）や *Sunshine*（開隆堂出版）などには、ピッチレベル方式が採用されているが、数字の記載はなく、直線のみの表示である。教材の説明では、ピッチ変化を高中低の線のみで示し、ストレスについての内容は含まれていない。このピッチレベル方式では、学習者がストレス変化の操作について自ら判断し、行うこととなる。以下は、*New Horizon* からの例である。

　一方、リズム表記に関しては、ストレスを黒丸「●」で表記するものが多い（*New Horizon*（東京書籍）、*All Aboard*（東京書籍））。そして、ストレスの大「●」小「●」を組み合わせた表記（*Hello, There!*（東京書籍）、*Voice*（第一学習社））、強「″」弱「′」を組み合わせた表記（*New Crown*（三省堂））もある。語アクセントや文アクセントにおいて最も強い部分が「●」や「″」、太字などで示されている。以下は、*New Horison* の指導書から単語におけるリズム表記と、*Voice* から文におけるリズム表記の例である。

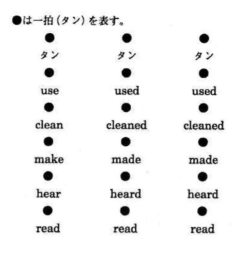

●は一拍（タン）を表す。

このように概観すると、英語教材において英語のプロソディーに関する説明や表記は統一されていないことが分かる。文末に矢印記号のみでイントネーションを表示している教科書もある。表記に関する説明も適切に行われておらず、ピッチ変化が生じる位置や変動幅を視覚的に判断することができない。教授側は、日本人英語学習者がプロソディーの音声変化を理解し、適切に発音操作ができる表記を提示しなくてはならないが、現状はできていない。

5. 日本語教育におけるプロソディー表記

　外国人学習者を対象とした日本語教育の場面では、プロソディーに重点を置いた学習方法が一部で実施されている。串田真知子・城生伯太郎・築地伸美・松崎寛・劉銘傑らが『日本語教育』第86号（1995）に掲載した「自然な日本語音声の効果的なアプローチ：プロソディーグラフ」では、日本語教科書の発音教材として、プロソディー変化を可視化する「プロソディーグラフ」の開発が行われている。この「プロソディーグラフ」は、音声分析機器によって表示されたピッチ曲線と振幅を基に作成されている。日本語プロソディーの発音練習を主眼としたテキスト（河野俊之・串田真知子・築地伸美・松崎寛、2004『1日10分の発音練習』くろしお出版）に活用され、句頭のピッチ上昇から次の立ち上がりに至るまでを「ヤマ」という概念で示している。

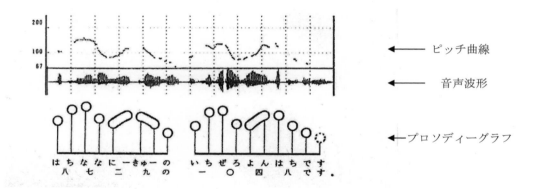

＜──── ピッチ曲線

＜──── 音声波形

＜──── プロソディーグラフ

　近年では、オンライン上で検索できる日本語アクセント辞書（Online Japanese Accent Dictionary, OJAD）が東京大学大学院工学系研究科の峯松・齋藤研究室により提供されており、日本語教師・学習者のための辞書として利用されている。東京方言のアクセントについて、約42,300語が調べられるようになっており、特定の語に焦点を置かずに読み上げた場合に予想されるピッチパターンを表示する「韻律読み上げチュータ：スズキクン」の機能も備わっている。下に示すのは、当該機能を用いて作成した「今日は晴れです」のピッチパターンである。

　このようなツールは、学習者の自立学習や、日本語教室や日本語講師育成講座でのプロソディー学習に用いられている。

付録

文献紹介

〈一般音声学〉

今泉敏（編）（2009）『言語聴覚士のための基礎知識：音声学・言語学』医学書院.

川原繁人（2018）『ビジュアル音声学』三省堂.

服部四郎（1951）『音聲學』岩波書店.

Ladefoged, Peter & Keith Johnson (2015) *A Course in Phonetics*, 7th ed. Stamford: Cengage Learning.（竹林滋・牧野武彦（訳），1999,『音声学概説』大修館書店 ［1993, 3rd ed. の訳本］）

Rogers, Henry (2000) *The Sounds of Language: An Introduction to Phonetics*. Harlow: Pearson Education.

〈英語〉

Roach, Peter (2009) *English Phonetics and Phonology*, 4th ed. Cambridge: Cambridge UP.（島岡丘・三浦弘（訳），1996,『英語音声学・音韻論』大修館書店 ［1991, 2nd ed. の訳本］）

〈日本語〉

天沼寧・大坪一夫・水谷修（1978）『日本語音声学』くろしお出版.

国際交流基金（2009）『音声を教える』ひつじ書房.

斎藤純男（2006）『日本語音声学入門』改訂版. 三省堂.

〈音声記号〉

International Phonetic Association (1999) *Handbook of the International Phonetic Association: A Guide to the Use of the International Phonetic Alphabet*. Cambridge: Cambridge UP.（竹林滋・神山孝夫（訳），2003,『国際音声記号ガイドブック：国際音声学会案内』大修館書店）

〈アクセント〉

金田一春彦・秋永一枝（編）（2014）『新明解日本語アクセント辞典』第2版. 三省堂.

杉藤美代子（2012）『日本語のアクセント、英語のアクセント：どこがどう違うのか』ひつじ書房.

中右実・窪薗晴夫・太田聡（1998）『音韻構造とアクセント』研究社出版.

〈知覚音声学〉

重野純（2006）『聴覚・ことば』新曜社.

Ryalls, Jack (1996) *A Basic Introduction to Speech Perception*. San Diego: Singular.（新谷敬人・北川裕子・石原健（訳），2003,『音声知覚の基礎』海文堂出版）

〈音響音声学〉

北原真冬・田嶋圭一・田中邦佳（2017）『音声学を学ぶ人のためのPraat入門』ひつじ書房.

Lennes, Mietta (5 November 2004) Draw one formant point as a one-Bark circle on a Bark-scale F_1/F_2 chart [Praat script]. http://phonetics.linguistics.ucla.edu/facilities/acoustic/draw_formant_point_to_Bark_chart.txt

Matsuura, Toshio (19 March 2011) Draw sound wave, pitch contour and labels [Praat script]. https://researchmap.jp/mumvx2sg0-29377/?action=multidatabase_action_main_filedownload&download_

flag=1&upload_id=102220&metadata_id=16928

Torreira, Francisco (28 July 2005) Praat script for drawing a waveform, spectrogram and F_0 contours [Praat script]. https://www.academia.edu/15862176/Praat_script_for_drawing_a_waveform_ spectrogram_and_F0_contours_textfile_?auto=download

IPA子音表

調音方法 ＼ 調音位置	両唇音 Bilabial	唇歯音 Labiodental	歯音 Dental	歯茎音 Alveolar	後部歯茎音 Postalveolar	歯茎硬口蓋音 Alveolo-palatal	硬口蓋音 Palatal	軟口蓋音 Velar	口蓋垂音 Uvular	咽頭音 Pharyngeal	喉頭蓋音 Epiglottal	声門音 Glottal
破裂音／閉鎖音 Plosive / Stop	p b			t d			c ɟ	k ɡ	q ɢ		ʡ	ʔ
摩擦音 Fricative	ɸ β　(ʍ)	f v	θ ð	s z	ʃ ʒ	ɕ ʑ	ç ʝ	x ɣ	χ ʁ	ħ ʕ	ʜ ʢ	h ɦ
破擦音 Affricate	pɸ bβ	pf bv	tθ dð	ts dz	tʃ dʒ	tɕ dʑ		kx ɡɣ	qχ ɢʁ			
鼻音 Nasal	m	ɱ		n			ɲ	ŋ	ɴ			
震え音 Trill	ʙ			r					ʀ			
弾き音 Flap		ⱱ		ɾ								
接近音 Approximant	(w)(ɥ)	ʋ		ɹ	ɻ		j　ɥ	ɰ　w				
側面摩擦音 Lateral fricative				ɬ ɮ								
側面接近音 Lateral approximant				l	ɭ		ʎ	ʟ				
側面弾き音 Lateral flap				ɺ								

（流音 Liquid：接近音・側面摩擦音・側面接近音・側面弾き音）

接近音の内、[j][w][ɥ][ɰ]は特に口腔内の妨げが少なく、母音的な響きを有するため、「半母音Semivowel」とも呼ばれる

母音表

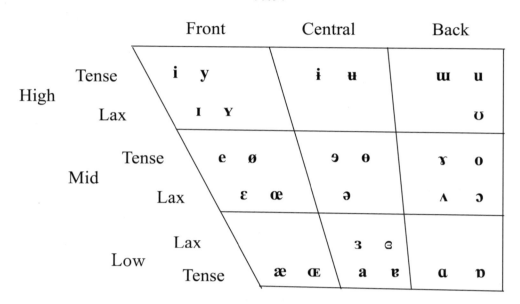

用語索引（和文）

用語索引（英文）

〈著者紹介〉

赤塚　麻里（あかつか　まり）
愛知県立大学英文学科卒業。高知大学大学院（英語教育学）在学中、英国ロンドン大学で英語音声学の夏期研修を受講。名古屋外国語大学大学院修了。博士（英語学・英語教育学）。現在、大学で英語および音声学（英語・日本語）の授業を担当。共著『子どもとはじめる英語発音とフォニックス』（南雲堂/2017年）、『日本人のための英語音声教育研究：遅延フィードバックシステムから音声表記法まで』（早美出版/2018年）、共著テキスト『国際社会への英語の扉：インプットからアウトプットで学ぶ四技能』（南雲堂/2019年）など。日本英語音声学会奨励賞受賞（2015年）。

土居　峻（どい　しゅん）
国際基督教大学語学科卒業。名古屋大学大学院国際開発研究科修了。博士（学術）。現在、大学で英語および音声の授業を担当。共著『英語と英語教育の眺望』（DTP出版/2010年）、共編著『英語と文学、教育の視座』（DTP出版/2015年）、共著テキスト『国際社会への英語の扉：インプットからアウトプットで学ぶ四技能』（南雲堂/2019年）など。日本英語英文学会評議員事務局長、一般社団法人ハッピーネット特別顧問（英語監修担当）。

久保田　一充（くぼた　かずみつ）
名古屋外国語大学英米語学科卒業。名古屋大学大学院文学研究科（言語学）修了。博士（文学）。大学院では、英語のみならず、世界の多様な言語に触れ、自分の母語である日本語の不思議に目覚める。現在、大学で日本語表現法および言語学の授業を担当。共著『子どもとはじめる英語発音とフォニックス』（南雲堂/2017年）、学術論文「『息子は明日運動会がある』構文：『予定』を表す『象は鼻が長い』構文の変種」（『日本語文法』2012年）、「出来事の発生を表す『〜がある』文」（『言語研究』2017年）など。日本語文法学会論文賞受賞（2019年）。

〈音響分析協力〉　　長峯　貴幸
〈表紙デザイン〉　　天野　天街

音声の地平を拓く　　言語音の諸相　—日本語と英語を中心に—

2020年3月30日　　初版発行
●
著者　赤塚麻里・土居峻・久保田一充
発行者　鈴木康一
●
発行所
株式会社文化書房博文社
〒112-0015　東京都文京区目白台1−9−9
振替　0018-9-86955
電話　03（3947）4976
印刷・製本　昭和情報プロセス株式会社

ISBN978-4-8301-1317-8 C1082　　　　　　　乱丁・落丁本は、お取り替えいたします。